Kohlhammer

Die Autoren

Dr. Ahmet Toprak ist Professor für Erziehungswissenschaften im Fachbereich Angewandte Sozialwissenschaften an der FH Dortmund. Dort lehrt er mit dem Schwerpunkt »Gruppenpädagogische und therapeutische Handlungsmöglichkeiten bei Verhaltensstörungen, insbesondere Dissozialität« und forscht zum Interkulturellen Ansatz in der Pädagogik und Sozialen Arbeit sowie zur Konfrontativen Pädagogik.

Dr. Umut Akkuş ist Professor für Soziale Arbeit im Fachbereich Sozialwesen an der Hochschule Fulda. Dort lehrt er mit dem Schwerpunkt »Jugend und Jugendarbeit« und erforscht die Ursachen und Faktoren jugendlicher Radikalisierung sowie die Rolle der Offenen Kinder- und Jugendarbeit bei der Demokratiebildung und dem Demokratieerleben junger Menschen.

Ahmet Toprak
Umut Akkuş

Salafismus

Präventionswissen für die
Interkulturelle Sozialarbeit

Verlag W. Kohlhammer

Dieses Werk einschließlich aller seiner Teile ist urheberrechtlich geschützt. Jede Verwendung außerhalb der engen Grenzen des Urheberrechts ist ohne Zustimmung des Verlags unzulässig und strafbar. Das gilt insbesondere für Vervielfältigungen, Übersetzungen, Mikroverfilmungen und für die Einspeicherung und Verarbeitung in elektronischen Systemen.

Die Wiedergabe von Warenbezeichnungen, Handelsnamen und sonstigen Kennzeichen in diesem Buch berechtigt nicht zu der Annahme, dass diese von jedermann frei benutzt werden dürfen. Vielmehr kann es sich auch dann um eingetragene Warenzeichen oder sonstige geschützte Kennzeichen handeln, wenn sie nicht eigens als solche gekennzeichnet sind.

Es konnten nicht alle Rechtsinhaber von Abbildungen ermittelt werden. Sollte dem Verlag gegenüber der Nachweis der Rechtsinhaberschaft geführt werden, wird das branchenübliche Honorar nachträglich gezahlt.

Dieses Werk enthält Hinweise/Links zu externen Websites Dritter, auf deren Inhalt der Verlag keinen Einfluss hat und die der Haftung der jeweiligen Seitenanbieter oder -betreiber unterliegen. Zum Zeitpunkt der Verlinkung wurden die externen Websites auf mögliche Rechtsverstöße überprüft und dabei keine Rechtsverletzung festgestellt. Ohne konkrete Hinweise auf eine solche Rechtsverletzung ist eine permanente inhaltliche Kontrolle der verlinkten Seiten nicht zumutbar. Sollten jedoch Rechtsverletzungen bekannt werden, werden die betroffenen externen Links soweit möglich unverzüglich entfernt.

1. Auflage 2024

Alle Rechte vorbehalten
© W. Kohlhammer GmbH, Stuttgart
Gesamtherstellung: W. Kohlhammer GmbH, Stuttgart

Print:
ISBN 978-3-17-040792-3

E-Book-Formate:
pdf: ISBN 978-3-17-040793-0
epub: ISBN 978-3-17-040794-7

Inhalt

Einleitung 7

Teil I   Salafismus als eine besondere Form der Radikalisierung

1   Salafismus als religiös-fundamentalistische Strömung 11
   1.1   Der Religionsbegriff 11
   1.2   Der Fundamentalismusbegriff 16
   1.3   Die Entwicklung von einer modernistischen zur
        erzkonservativen Bewegung 19
   1.4   Gruppierungen des Salafismus 21

2   Salafistisch-religiöse Radikalisierung 25
   2.1   Religiöse Erziehung und Sozialisation 29
   2.2   Traditionelle Werte und die Rollen von Mann und Frau 34
   2.3   Geschlechtsspezifische Erziehung 37
   2.4   Sexuelle Erziehung 40
   2.5   Identitätskrisen 43
   2.6   Islamfeindlichkeit 47
   2.7   Salafistische Gemeinschaften 49
   2.8   Medien 53

3   Salafismus als Jugendkultur 56
   3.1   Jugendkultur und Jugendszenen 58
   3.2   Muslimische Jugendkulturen 62
   3.3   Salafismus als Zeichen der Desintegration? 66

4   Die Rolle der Sozialen Arbeit 69
   4.1   Handlungsfeld Schule 73
   4.2   Handlungsfeld Sozialraum 76
   4.3   Handlungsfeld Offene Kinder- und Jugendarbeit 78

Teil II Möglichkeiten der Prävention und interkulturelle Soziale Arbeit

5 Prävention und Soziale Arbeit 83
    5.1 Aggressives Verhalten, Gewalt und die Formen der Prävention 83
    5.2 Begriffliche Annäherungen 84
    5.3 Theoretische Erklärungsansätze für aggressives und gewalttätiges Verhalten 85
    5.4 Zum Präventionsbegriff 89
    5.5 Drei Formen der (Gewalt-)Prävention 91

6 Pädagogische Ansätze und Prävention 93
    6.1 Der Konfrontative Ansatz 93
    6.2 Ansätze interkultureller Elternarbeit 103
    6.3 Ansätze aus Hilfen zur Erziehung im interkulturellen Kontext 115

Teil III Fazit und Literatur

7 Schlussbetrachtungen 123

Literatur 126

Einleitung

Sowohl in den wissenschaftlichen als auch in den gesellschaftlichen Diskursen werden seit ca. zwei Jahrzehnten Themen rund um religiös motivierte Radikalisierung, speziell aber gewaltbereiten Salafismus, in all ihren Facetten diskutiert. Mittlerweile kann sich dem Eindruck nicht verwehrt werden, dass die thematischen Auseinandersetzungen sich mehr und mehr im Kreis drehen. Doch wir dürfen nicht außer Acht lassen, dass die individuellen Ausprägungen und die multikausalen Faktoren von islamischer Radikalisierung sich stetig wandeln und in immer neuen Konstellationen zeigen. Daher bilden alle theoretischen und empirischen Analysen eine wichtige Grundlage für das tiefgreifende Verständnis der Entwicklung und Ursachen von islamistischen Radikalisierungsprozessen. Denn Radikalisierungstendenzen scheinen im familiären, schulischen, gesellschaftlichen und freizeitlichen Kontexten immer deutlicher zum Vorschein zu kommen. Die jugendliche Dynamik religiös-radikaler Strukturen sticht dabei genauso hervor wie die Attraktivität dieser für Personen, die nicht aus muslimische-religiösen Familien oder jenen kulturell-islamischen Milieus stammen. Ihr multiethnischer Charakter und ihre lebensweltorientiert argumentierenden Prediger machen radikal salafistische Gemeinschaften anscheinend auch für solche Personen attraktiv, die bis dato wenig bis keine Bezüge zu religiösen Themen hatten.

Der Einfluss, den der salafistische Radikalisierungsprozess und die damit verbundenen Ereignisse und Debatten auf das gesellschaftliche Miteinander haben, bringt die Frage nach den politischen und zivilgesellschaftlichen Konsequenzen mit sich. Der Großteil der medialen und gesellschaftlichen Diskurse fokussieren sich in ihrer Auseinandersetzung insbesondere auf die Aspekte Salafismus bzw. Radikalisierung und Sicherheitspolitik. Die Frage nach den Ursachen, den individuellen Motiven, der sozialen Verantwortung und den biografischen Hintergründen werden weniger beachtet, wodurch nicht nur die gesellschaftliche Prekarität zunimmt. Unter diesen Umständen scheint es umso wichtiger zu sein, dass die Prävention und der pädagogische und sozialpädagogische Umgang mit dieser Zielgruppe eine zentrale Rolle einnimmt. In der Pädagogik und Wissenschat hat sich der Begriff Gewaltprävention gegenüber Restriktion, Strafen und Repression durchgesetzt. Sie ist nicht nur in der Medizin von Bedeutung, sondern auch in der Vermeidung von Gewalt. Gewaltprävention ist ein langwieriges und für die Laien auf den ersten Blick unsichtbares Handeln. Sie zielt auf Stärkung der Persönlichkeit, die Ausbildung von sozialer Wahrnehmung, kontrolliertes Handeln, die Schaffung von Konfliktfähigkeit, gewaltfreie Kommunikation und schließlich Vermeidung von Straftaten. Da Gewaltprävention flächendeckend, unterstützt durch Landes- und Bundesprogramme, gut funktioniert, ist die Gewaltkriminalität rückläufig. Allerdings haben wir keine langjährigen und evidenzbasierten Erfahrungen in den Präventionsprogrammen zu salafistischem Extremismus. Berechtigterweise wird Pädagogik und Soziale Arbeit nach Wirksamkeit ihrer Programme gefragt. Um darauf eine seriöse Antwort geben zu können, müssen sozialpädagogische, pädagogische oder sozialwissenschaftliche Programme evaluiert werden, um so nicht nur die Wirksamkeit zu überprüfen, sondern auch die Methoden und Inhalte zu modifizieren oder anzupassen.

Aus diesen Gründen ist das vorliegenden Buch in zwei zentrale Abschnitte aufgeteilt. Im ersten umfangreichen Teil werden in erster Linie in das Thema Salafismus (▶ Kap. 1), Radikalisierungsprozesse (▶ Kap. 2) und Sozialisationsprozesse (▶ Kap. 3) eingeführt. Das Ziel besteht darin, die Leserinnen und Leser in groben Zügen in das Thema einzuführen, ohne sich in theologischen und politischen Debatten und Details zu verlieren. Denn die von dem Thema betroffenen Jugendlichen – auch wenn sie das immer wieder betonen – kennen sich weder mit religiösen Details aus noch interessieren sich für die Politik. Deshalb werden in erster Linie die Prozesse der Radikalisierung und die Sozialisationsbedingungen betont. Der erste Teil schließt dann zwar mit einem Kapitel zur Rolle der Sozialen Arbeit in drei unterschiedlichen Handlungsfeldern (▶ Kap. 4). Dies dient jedoch nur als allgemeine Vorlage für die konkrete Präventionsarbeit im interkulturellen Kontext.

Im zweiten Teil der Publikation werden dann konkrete Ansätze aufgezeigt, wie mit religiös-radikal argumentierender Jugendlichen und deren Eltern im interkulturellen Kontext gearbeitet werden kann. Hier wollen wir deutlich machen, dass die pädagogischen Maßnahmen, die in der Jugendhilfe bekannt sind, auch bei dieser Zielgruppe relevant sein müssen. Bei der Vorstellung der pädagogischen Ansätze haben wir zwei Aspekte hervorgehoben: Der Radikalisierungsprozess und der interkulturelle Zusammenhang wurden berücksichtigt.

Teil I Salafismus als eine besondere Form der Radikalisierung

1 Salafismus als religiös-fundamentalistische Strömung

Jede religiöse Glaubensvorstellung, politische Ideologie oder persönliche Überzeugung basiert auf einer Grundidee. Dieses Fundament an Weltsichten, Werten und Normen kann sozial vermittelt bzw. anerzogen sein und sich in lebensweltlichen Gewohnheitsstrukturen äußern. Sie kann aber auch aus einem Bewusstsein entspringen, das die Bestrebung nach einem idealisierten religiösen, politischen und/oder persönlichen Vorstellungen entsprechenden Gesellschaftssystem widerspiegelt (vgl. Dupré 2013, S. 100–103). Politische Bewegungen beziehen sich dabei auf ideologisch-theoretische Grundlagen, persönliche Ansichten zumeist auf ethisch-moralische Aspekte und religiöse Glaubensvorstellungen (z. B. die der drei monotheistischen Religionen) auf die Niederschrift ihrer jeweiligen Glaubensgrundsätze: Für das Judentum ist es die Thora, für das Christentum die Bibel und für den Islam der Koran. Der hohe Priorisierungsgrad der jeweiligen fundamentalen Weltsichten ist für die ihnen zugehörenden Menschen deshalb so bedeutend, weil sie den Rahmen ihrer Lebensrealitäten sowie Werte und Normen bilden (vgl. Dupré 2013, S. 102). Kann also bereits der Bezug auf ein politisches, persönliches oder religiöses Fundament als fundamentalistisch gedeutet werden oder spielen weitere Faktoren eine Rolle bei der Beurteilung von auf einer Grundlage basierenden Weltsichten und Glaubensvorstellungen? Um den Salafismus als fundamentalistische Strömung des Islams besser zu verstehen, ist es bedeutend, vorerst die Begriffe Religion (▶ Kap. 1.1) und Fundamentalismus (▶ Kap. 1.2) etwas näher zu definieren, um daran anschließend die Entwicklung des Salafismus (▶ Kap. 1.3) bis hin zu den Gruppierungen der Gegenwart (▶ Kap. 1.4) zu beschreiben.

1.1 Der Religionsbegriff

Um den Begriff der Religion gibt es zahlreiche Kontroversen und Definitionsbestrebungen, da, wie Kehrer treffend formuliert, »[d]ie Universalität von Religion, ihre mannigfaltigen Ausprägungen, ihre Heterogenität […] es fast unmöglich [machen], eine Definition zu finden, die weit genug und doch hinreichend präzise ist« (Kehrer 1968, S. 7). Die ersten Definitionen von Religion reichen zurück bis vor Beginn unserer Zeitrechnung. Im ersten Jahrhundert v. u. Z. hat Cicero Religion in Abgrenzung zum Aberglauben wie folgt beschrieben:

»nicht nur die Philosophen, sondern auch unsere Vorfahren haben den Aberglauben von der Religion abgetrennt. Diejenigen nämlich, die tagtäglich beteten und opferten, daß ihre Kinder am Leben blieben (superstites), sind Abergläubische (superstitiosi) genannt worden. […] Umgekehrt hat man diejenigen, die alles, was zur Verehrung der Götter gehört, immer wieder sorgfältig beobachteten und gewissermaßen immer wieder überlasen, ›religiös‹ genannt, eben vom Überlesen (relegere), so wie ›elegant‹ von ›auslesen‹ (elegere) abgeleitet ist, ›sorgfältig‹ (idiligens) von ›unterscheiden‹ (di-legere) und ›verstehend‹ (intelligens) von ›innerlichem Lesen‹ (intel-ligere). Denn in allen diesen Wörtern steckt dieselbe Bedeutung des Lesens (legere) wie bei ›religiös‹ (religiosus)« (Cicero 1996, S. 151 ff.).

Die Unterscheidung, die Cicero beschreibt, gründet auf dem Grad der Differenziertheit, Sorgfalt und Intensität, mit der sich die Gläubigen mit ihrem Gottesglauben auseinandersetzen. So galten Cicero zufolge jene als religiös, die sich intensiv, reflektiert und bedacht mit dem Gottesglauben und den dazugehörigen Pflichten auseinandersetzten, die vermittelten Schriften und Botschaften erneut, sorgfältig und verstehend lasen und beobachteten. Im Gegensatz dazu wurden jene als abergläubisch bezeichnet, die sich lediglich durch tägliche Gebete und Opfergaben, also rituellen Pflichten ihrem Glauben hingaben. Eine tiefergehende und reflexive Auseinandersetzung mit der Religion (vgl. ebd.) sowie das »sorgfältige Bedenken und Befolgen […] des Kultes« (Schulz 2017, S. 1448) im Sinne Ciceros, kann unabhängig von der kritisch beurteilten etymologisierenden Deutung der Begriffe *superstitio* und *religio* (vgl. Cicero 1996, Kommentar zum zweiten Buch, S. 502) zwar als bedeutende Grundlage zum Verständnis von Religion dienen. Doch kann seine Beschreibung schon aufgrund des historischen Standpunktes, der vor der Entstehung des Christentums, Islams und weiterer religiöser Konstitute liegt, keine umfassende Definition von Religion darstellen.

Dies gilt ebenso für alle weiteren Definitionsbestrebungen von der Antike über die Renaissance bis hin zur Neuzeit. Laut Kehrer wurde »[k]aum ein Problem […] in den Wissenschaften von der Religion heftiger und zugleich ergebnisloser diskutiert […] als die Frage nach einer adäquaten Definition von Religion« (Kehrer 1988, S. 13). Denn das Spektrum von Glaubens- und Religionssystemen reicht sehr weit: von den sogenannten *Naturreligionen* über die Schamanenkulte bis hin zu den hinduistischen, buddhistischen und auch monotheistischen Religionen, um nur einige wenige zu nennen (vgl. Figl 2012; Barth/Osthövener 2000). So werden auch die folgenden Ausführungen nicht im Bestreben sein, einen umfassenden Definitionsversuch zu wagen, sondern ihren Fokus auf die monotheistische Perspektive legen, die aufgrund des thematischen Schwerpunktes und zentralen Untersuchungsgegenstandes der vorliegenden Arbeit von größerer Relevanz ist.

Nichtsdestotrotz soll hier nicht unerwähnt bleiben, dass Religion über die monotheistischen hinaus sehr viel mehr Phänomene beschreibt und repräsentiert. In seiner *Untersuchung der elementaren Religionen*, deren *Pluralität von verschiedenen Prinzipien* er als große Herausforderung betrachtet, versucht Durkheim durch die Analyse der Urreligionen die Entwicklung und Genese von Religion zu umreißen. Dabei unterteilt er die verschiedenen Religionssysteme in zwei Kategorien: den Naturismus und den Animismus (vgl. Durkheim 2020, S. 77 f.). Den Naturismus begreift Durkheim als jenes System, das ihren Fokus auf »die Dinge der Natur (entweder an die großen kosmischen Kräfte wie die Winde, die Flüsse, die Gestirne, den Himmel usw. oder an alle Arten von Gegenständen, die die Erde bevölkern wie

Pflanzen, Tiere, Felsen usw.)« (ebd., S. 78) richtet. Demgegenüber wendet sich der Animismus ihm zufolge »an die geistigen Wesen, die Geister, Seelen, Genien, Dämonen, die eigentlichen Gottheiten, an belebte und bewusste Vermittler« (ebd.). Laut Durkheim können je nach Sichtweise sowohl der Naturismus als auch der Animismus als religiöse Urformen begriffen werden, auf die alle weiteren religiösen Entwicklungen und Konstitute aufbauen – so auch die monotheistischen Religionen, deren Genese sich ebenfalls über elementare Glaubensvorstellungen wie dem Totemismus, Ritualhaltungen bis zur Entwicklung eines Götterglaubens vollzog (vgl. Durkheim 2020; Maier 2018).

Dabei kann ein kurzer historischer Rückblick gut veranschaulichen, wie und unter welchen Bedingungen und Voraussetzungen sich Religionen entwickelt haben. Laut Maier zeigen die Schriftquellen frühgeschichtlicher Religionen, dass die Bedeutung und Verehrung der Natur und ihrer Elemente und Phänomene sowie die Begründung entsprechender Kulte und Riten »in erster Linie auf die Sicherung der Lebensgrundlagen, die Stärkung kollektiver Identitäten, den Abbau von Spannungen und damit die Bewahrung der gesellschaftlichen Ordnung ausgerichtet [waren]« (Maier 2018, S. 44). Der Glaube an höhere Kräfte ging damit nicht zwangsläufig mit dem Götterglauben oder einem institutionalisierten Glaubenssystem einher. Er umfasste in erster Linie die Lebensrealität und -umstände der einzelnen oft *kleinräumig organisierten* Gemeinschaften und ihr Bestreben nach Existenzsicherung. So war Maier zufolge der *Kontakt mit Jagdwild* ein entscheidender Moment für Jäger und Sammler, deren Überleben davon abhing, ob sie diese erbeuteten oder selbst von diesen erbeutet wurden. Für die bäuerlichen Gemeinschaften hingegen war es die Begebenheit und Ergiebigkeit der Erde sowie mit ihr zusammenhängende Naturphänomene wie die Jahreszeiten und Wetterbedingungen, die über ihren Untergang oder ihr Überleben entschieden. Solch existenzielle Momente wurden auch von Vorstellungen begleitet, höheren Kräften ausgesetzt zu sein, weshalb religiöse Handlungen wie die Verehrung und Dankbarkeit gegenüber der Natur bedeutende Bestandteile des frühzeitlichen Lebens darstellten (vgl. ebd., S. 44 ff.). Diese als Urform begriffenen religiösen Vorstellungen haben sich mit der Zeit zu gemeinschaftsübergreifenden Glaubens- und Religionssystemen weiterentwickelt.

Wann und wie sich aber aus der Verehrung der Natur die Vorstellung von und der Glaube an Gottheiten entwickelt hat, ist nicht abschließend geklärt. Die ersten Anhaltspunkte für einen Zusammenhang zwischen den naturbezogenen religiösen Vorstellungen und dem Götterglauben finden sich laut Maier in den »schriftlich bezeugten Gottesvorstellungen Altägyptens, des Vorderen Orients und des antiken Mittelmeerraums […], die die belebte und unbelebte Natur sowie die menschliche Gesellschaft umfass[en]« (ebd., S. 45 f). Mit Beginn des Götterglaubens entwickelte sich der Glaube mehr und mehr zu einem transzendentalen Phänomen, bei dem sich die sichtbaren Kräfte der Natur zu unsichtbaren göttlichen Kräften transformierten. Im Epos von Gilgamesch wird diese Transformation mit der großen Sintflut eingeleitet, durch die sich die Götter von der irdischen Welt ablösen und auf eine überirdische, den Menschen unzugängliche Ebene begeben (vgl. Maul 2020). Der Mythos von der Sintflut ist deshalb sehr zentral, da Maul zufolge

> »[d]ie bis in Einzelheiten gehenden Parallelen zwischen dem neu entdeckten ›heidnischen‹ Sintflut-Mythos und der wohlbekannten Noah-Erzählung des ersten Buches der hebräischen Bibel (Genesis 6–9) […] keine Zweifel daran [ließen], daß die Verflechtungen des biblischen mit dem uralten mesopotamischen Gedankengut weitaus enger waren, als man es je zuvor angenommen hatte« (ebd., S. 10).

Mit der Entdeckung der sumerischen Überlieferungen wurde die monotheistische Darstellung von der Neuordnung der Welt als dominante und grundlegende Erzählung von Grund auf in Frage gestellt. Gleichzeitig wurde deutlich, wie viele inhaltliche Übereinstimmungen, Schnittstellen und Bezüge die neuen und alten Religionssysteme zueinander und untereinander aufwiesen. Dies wird vor allem mit der Entstehung der monotheistischen Religionen erkennbar, deren Gründungsmythen, Entwicklungen und Strukturen viele Übereinstimmungen haben. Maier zufolge ergeben sich diese daraus,

> »dass jede dieser Religionen einerseits auf einen Ursprung in der Geschichte rekurrierte und damit die Kontinuität mit der Vergangenheit betonte, sich aber andererseits immer wieder an geänderte gesellschaftliche, politische und kulturelle Rahmenbedingungen anpassen musste« (Maier 2018, S. 204f.).

Die Anpassung an die Sprachen und kulturellen Traditionen der Regionen, in die sich die einzelnen Religionen ausbreiteten, hatte verschiedene Prozesse zur Folge. Einerseits veränderten sich die Religionen durch Differenzierung und Spezialisierung sowie Fragmentierung und Spaltung. Sie gingen neue religiöse und rituelle Verflechtungen ein und brachten neue, angepasste religiöse *Sonderformen* und Weltdeutungen hervor. Andererseits entstanden Maier zufolge »[i]nnerhalb der einzelnen Traditionen […] mit der beständigen Ausbreitung der Religionen und der Integration immer breiterer Bevölkerungsschichten neue Lebensformen« (ebd., S. 207). Dabei spielte das gemeinschaftliche Paradigma für einen Beständigkeitsbeweis von Religion, das durch Objektivation und Institutionalisierung seine Legitimationsgrundlage stets behielt, eine bedeutende Rolle. Denn die »in der religiösen Welterfahrung, im Mythos und Kult, im praktizierten religiösen Leben« vorgegebenen Mächte beruhen laut Figl »vor allem auf Tradition und Gemeinschaft« (Figl 2012, S. 29). Religion ist demnach ein kollektives Phänomen oder, wie Durkheim schreibt,

> »ein solidarisches System von Überzeugungen und Praktiken, die sich auf heilige, d.h. abgesonderte und verbotene Dinge, Überzeugungen und Praktiken beziehen, die in einer und derselben moralischen Gemeinschaft, die man Kirche nennt, alle vereint, die ihr angehören« (Durkheim 2020, S. 76).

Als *solidarische System* entfaltet und manifestiert sich Religion dieser Definition zufolge vor allem im institutionellen Kollektiv, wobei die Kirche hier als Repräsentantin aller religiösen Institutionen (Synagoge, Moschee etc.), deren Gemeinschaftsbindungen ebenfalls auf moralischen Verpflichtungen beruhen, verstanden werden kann.

Ein weiterer zentraler Aspekt ist das *Heilige* der Religion. In *Encyclopaedia of Religion and Ethics* schreibt Söderblom dem Begriff des Heiligen eine wesentlichere Bedeutung zu als der Vorstellung von Gott. Ihm zufolge gebe es keine echte Religion ohne eine Unterscheidung zwischen dem Heiligen und Profanen, während Religion ohne einen Gottesglauben möglich sei (vgl. Söderblom 1913, S. 731). Das Heilige lässt sich damit nicht allein auf das Göttliche reduzieren. Dies wird vor allem an Religionssystemen wie dem Buddhismus deutlich, deren religiöse Grundlagen sich nicht auf einen Gottesglauben beziehen. Insofern kann all jenes heilig sein, was eine höhere transzendentale symbolische Bedeutung hat (vgl. ebd., S. 731 ff.). Hierzu gehört auch der Gottesglaube, der sich vor allem in den monotheistischen Religionen bis in die Gegenwart erhalten hat und trotz zahlreicher Entwicklungen und Anpassungen die Grundlage jeglicher Lebensformen für sie bildet. Die Bedeutung des Glaubens an Gott zeigt sich sowohl in der Vielfalt monotheistisch orientierter religiöser Institutionen und Organisationen sowie in den gemeinschaftlichen bis individualisierten Formaten der theoretischen Vermittlung und praktischen Umsetzung von religiösen Inhalten (vgl. Maier 2018; Könemann 2002). Die vergangenheitsbezogenen und sich an Traditionen orientierenden religiösen Weltsichten befinden sich dabei stets in einem Spannungsverhältnis zu modernen Entwicklungen, die durch Säkularisierung den Einfluss der Religionen begrenzt und auf das Private verschoben haben (vgl. Maier 2018, S. 396 ff.; Pickel 2018, S. 22 ff.). Der fortschreitende Bedeutungsverlust religiöser Institutionen wird dabei begleitet von einem *religiösen Rationalismus*, der sich in einer Individualisierung des Religiösen zeigt, die sich Könemann zufolge »analog zur gesellschaftlichen Individualisierung in den grundlegenden Individualisierungsdimensionen, der Freisetzung aus traditionalen Bindungen, der Entzauberungsdimension und der Subjektivierungsprozesse« (Könemann 2002, S. 37) vollzieht. Es ist eine neue Form von Religiosität, die sich nicht mehr allein auf das traditionell organisierte institutionelle Kollektiv bezieht. Das bedeutet, dass nicht mehr nur die etablierten religiösen Institutionen und Strukturen, wie Kirche, Synagoge und Moschee den religiösen Deutungs- und Orientierungsrahmen vorgeben. Die Beschäftigung mit der Religion, ihre Aneignung und religiöse Vergemeinschaftungsprozesse entwickeln sich in der Moderne auch autonom von konventionellen Strukturen. Sie bringen *neue Formen der Frömmigkeit* (vgl. Maier 2018, S. 197) sowie individualisierte religiöse Glaubensvorstellungen hervor, die Niederbacher zufolge »die gesamte religiöse Lebensform einer Person meinen: ihre Weltanschauung, ihre religiöse Praxis, ihre Identifizierung mit einer religiösen Gemeinschaft, ihr religionsinspiriertes Empfinden, Handeln und Reagieren« (Niederbacher 2019, S. 185).

Das traditionelle Verständnis von Religion, das auf kollektiven, institutionellen und ritualisierten Gewohnheiten beruht, wird dabei nicht durch das moderne, das auf Individualisierung, Pluralisierung, Säkularisierung und Rationalisierung gründet, ersetzt. Vielmehr vermischen sich die Grenzen beider Sphären, in dem Traditionen durch moderne Paradigmen ergänzt und moderne Strukturen von traditionellen Perspektiven geprägt werden (vgl. Luckmann 2020; Maier 2018; Pickel 2018; Figl 2012; Giddens 1996). Damit sind Maier zufolge »eine neue Sicht auf die religiöse Vielfalt und neue Formen der Mission zu verzeichnen« (Maier 2018, S. 197).

1.2 Der Fundamentalismusbegriff

Bei der Betrachtung der semantischen und historischen Bezüge sowie gegenwärtiger wissenschaftlicher und politischer Analysen wird deutlich, dass der Fundamentalismus eine stabile, feste und unveränderliche Orientierungs- und Ordnungsbasis sowie einen festen Bezugspunkt und eine Ausgangslage für die jeweils verschiedenen persönlichen, politischen und religiösen Vorstellungen, Überzeugungen und Glaubensgrundsätze darstellt. Der Begriff leitet sich aus dem lateinischen fundamentum für »Grund(-lage)« ab und bedeutet »das kompromisslose dogmatische Festhalten an bestimmten, insbesondere religiösen und politischen Überzeugungen, Glaubensvorstellungen und Grundsätzen« (Hillmann 2007, S. 254).

> Fundamentalistisch orientiert sind demnach Personen, die an einer Grundidee bzw. einem Glaubensgrundsatz kompromisslos und dogmatisch festhalten und ihre Lebenswelt danach ausrichten. Eine kritische Auseinandersetzung und das Hinterfragen dieser Grundsätze sind nicht gewollt. Alle kritischen Meinungen und liberalen Ausrichtungen werden ebenso wie die Bereitschaft sich mit diesen konstruktiv auseinanderzusetzen komplett abgelehnt (vgl. Dupré 2013, S. 100 ff.).

Der Begriff *Fundamentalist* wurde 1920 von dem baptistischen Pastor Curtis Lee Laws geprägt und diente als »Selbstbezeichnung protestantischer Fundamentalisten in den USA« (Klein u. a. 2017, S. 140) im frühen 20. Jahrhundert. Laws leitete den Begriff aus der Schriftenreihe *The Fundamentals. A Testimony to the Truth* ab, in dem die konservativen protestantischen Autoren im Kulturstreit mit den Modernisten 90 Essays zu ihrem Verständnis des Christentums veröffentlichten (vgl. The Fundamentals 1910). Ihre Schriften waren der Versuch sich von der liberalen historisch-kritischen Bibelauslegung, der aufklärerischen Bibel- und Religionskritik, der Evolutionstheorie und den zeitgenössischen weltanschaulichen Strömungen deutlich abzugrenzen (vgl. Klein u. a. 2017, S. 140; Dupré 2013, S. 102). Dabei berufen sie sich auf die bereits im Jahr 1910 von der Presbyterianischen Kirche zusammengefassten Five Fundamentals, die »den Anspruch der uneingeschränkten Autorität und Irrtumslosigkeit der Bibel sowie den Glauben an die Gottheit Jesu Christi, seine Geburt durch die Jungfrau Maria, seinen stellvertretenden Tod für die Sünden der Menschen sowie seine leibliche Auferstehung und Wiederkunft« (Klein u. a. 2017, S. 140) umfassen.

Während der Begriff Fundamentalist für die Anhängerschaft des protestantischen Fundamentalismus ein positiv konnotiertes Selbstbild darstellte, wandelte sich seine Bedeutung seit der iranischen Revolution Ende der 1970er Jahre. So war der Fundamentalismus nicht mehr die Grundlage einer religiösen Eigenbezeichnung, sondern einer schmähenden Fremdbezeichnung, die mit rückwärtsgewandten, traditionalen, patriarchalen und anti-aufklärerischen Einstellungen in Verbindung gebracht wurde (vgl. Lang 1999, S. 143). Spätestens mit den Anschlägen vom 11. September 2001 manifestierte sich diese Sichtweise in der öffentlichen Wahrnehmung. Vor allem medial wurde der islamische Fundamentalismus zum Synonym für islamistische Strömungen und ihre Aktivitäten und Anschläge (vgl. Klein u. a. 2017, S. 141). Der Fokus auf den Islam und den islamischen Fundamentalismus rührt Benslama zufolge auch »aus einer konflikthaften historischen Verschränkung des Islam mit dem Westen in religiöser und geopolitischer Hinsicht, was ihr eine besondere Intensität verleiht« (Benslama 2017, S. 62). Es gibt eine Vielzahl an zeitgenössischen Strömungen innerhalb verschiedener Religionen, die fundamentalistische Auffassungen vertreten und die gleichen Merkmale wie die des islamischen Fundamentalismus aufweisen (vgl. Benslama 2017; Marty/Appleby 1991). Zur Untersuchung dieser Strömungen aus aller Welt führten Marty E. Marty und R. Scott Appleby zwischen den Jahren 1987 bis 1995 im Auftrag der American Academy of Arts and Sciences das Fundamentalism-Project durch. Dabei erarbeiteten sie neun Hauptmerkmale des Fundamentalismus. Fundamentalistische Strömungen sind demzufolge:

1. **Reaktiv gegenüber der Marginalisierung der Religion:** Sie reagieren auf die schwindende Bedeutung des Religiösen und der Marginalisierung ihrer religiösen Sichtweisen durch Abgrenzung und die Bewahrung und Verteidigung ihrer religiösen Traditionselemente.
2. **Selektiv:** Sie konzentrieren sich auf bestimmte, für sie bedeutende religiöse Elemente und nutzen dabei alle technischen Möglichkeiten, um diese zu verbreiten.
3. **Moralisch manichäistisch:** Sie teilen die Welt in Gut und Böse ein. Dabei werden die, die ihre Werte und Ansichten vertreten als Auserwählte und die die sie ablehnen, als Abfällige betrachtet.
4. **Absolutistisch:** Sie sind überzeugt von der Irrtumslosigkeit ihrer heiligen Schriften, weshalb sie diese wortwörtlich/buchstabengetreu annehmen und die historisch-kritische Exegese ihrer Glaubensschriften komplett ablehnen.
5. **Aillenaristisch und messianistisch:** Sie glauben an die Endzeit und die Wiederauferstehung eines heilsbringenden Messias.
6. **Exklusiv:** Sie sind der Meinung, dass ihre Religion die einzig Wahre sei und sie daher eine Gemeinschaft der Auserwählten seien.
7. **Grenzziehend:** Sie grenzen sich als erwählte Gruppe von anderen nicht-erwählten abtrünnigen Gruppen und Gemeinschaften scharf ab.
8. **Autoritär organisiert:** Sie formieren sich um charismatische/autoritäre Führungspersönlichkeiten, denen sie besondere Eigenschaften zuschreiben.
9. **Normierend:** Sie stellen strenge Verhaltensregeln, die sie aus den religiösen Texten ableiten, auf (vgl. Klein u. a. 2017, S. 142 ff.; Almond u. a. 2003, S. 90 ff.).

Diese neun Merkmale sind sicherlich bei der Beurteilung und Betrachtung religiös-fundamentalistischer Strömungen hilfreich, jedoch nicht kennzeichnend für einen allgemeinen Fundamentalismus, der sich sowohl religiös als auch politisch äußern kann. Auch gibt es Unterschiede zwischen den einzelnen religiösen Fundamentalismen. So treffen einige der Merkmale auf religiös-fundamentalistische Gesinnungen außerhalb der drei monotheistischen Religionen (wie z. B.

Buddhismus oder Hinduismus) nicht oder nicht in dem Maße zu, wie oben beschrieben (vgl. Klein u. a. 2017; Almond u. a. 2003).

Dennoch könnten die erarbeiteten Merkmale bei der Überprüfung von religiösen und politischen Bewegungen auf fundamentalistische Aspekte hin dienlich sein. So kann bei der Anwendung der neun Hauptmerkmale des Fundamentalismus auf den Salafismus folgendes festgehalten werden:

1. **Reaktivität:** Der Salafismus gründet sowohl auf der Überzeugung, dass die Religion, vor allem in der Diaspora, an Bedeutung verliert oder auch verfälscht wird als auch auf einem Verteidigungsreflex gegenüber der wahrgenommenen Bedrohung und feindlichen Einstellungen durch nicht-muslimische, insbesondere geopolitisch westliche Gesellschaften.
2. **Selektivität:** Der Salafismus gibt vor, sich ausschließlich am Koran, der Sunna und den Lebensmodellen der ersten drei Generationen von Muslim*innen zu orientieren.
3. **Moralischer Manichäismus:** Der Salafismus teilt die Welt in wahre Muslim*innen und Ungläubige auf. All jene, die ihre religiösen Vorstellungen teilen sind die Guten, alle anderen die Bösen.
4. **Absolutismus:** Koranexegese (Tafsīr), verschiedene islamische Rechtsschulen und auch andere Deutungsrahmen werden komplett abgelehnt. Allein der Koran, die Überlieferungen des und über den Propheten sowie die Aussagen der ersten drei Generationen muslimischer Autoritäten, die als absolute Wahrheit deklariert werden, sind von Bedeutung.
5. **Millenarismus und Messianismus:** Salafist*innen glauben, wie alle Muslim*innen, an die Wiederauferstehung von Mahdī, einem Nachkommen des Propheten, dessen Ankunft die Endzeit einläuten und das Ende allen weltlichen Unrechts einleiten werde.
6. **Exklusivität:** Da Salafist*innen der Auffassung sind, die wahren Gläubigen/Muslim*innen zu sein, definieren sie sich als eine Gruppe von Auserwählten.
7. **Grenzziehung:** Als ›wahre‹ Muslim*innen grenzen sich Salafist*innen nicht nur von nicht-muslimischen, sondern auch von allen anderen muslimischen Gemeinschaften, die ihr Religionsverständnis nicht teilen und damit ebenfalls zu Ungläubigen deklariert werden, ab.
8. **Autoritarismus:** Als Vermittler der wahren Botschaft werden charismatische salafistische Prediger zu autoritären Vorbildern, deren Worte, Handlungen und Einstellungen nicht hinterfragt oder kritisch betrachtet werden, stilisiert.
9. **Normen und Regeln:** Es gibt klare Verhaltensnormen und -regeln, die Salafist*innen befolgen (müssen). Diese reichen vom Erscheinungsbild, wie z. B. »das Tragen einer knöchellangen arabischen Tracht oder eines Vollbartes als Indizien für besondere Frömmigkeit« (Ceylan/Kiefer 2013, S. 43), bis hin zu bestimmten Verhaltenskodexen, wie die strenge Geschlechtertrennung (vgl. Abou-Taam 2012; Steinberg 2012; Ceylan/Kiefer 2013; Eckert 2013; Schneiders 2014; Lohlker 2017; Zick u. a. 2018).

Bei der Übertragung der Merkmale des Fundamentalismus auf den Salafismus wird, bei näherer Betrachtung, besonders deutlich, dass die religiöse Weltsicht und Praxis sowohl eine *normative Dimension* beinhaltet, in der es um verbindliche Regeln und Pflichten geht, wie auch eine *individuelle* und *kulturelle Dimension*, die sich auf »persönliche Vorlieben Muhammads ohne religiöse Bedeutung und Bindung [sowie] […] Gewohnheiten Muhammads, die ebenfalls keinen religiösen Charakter besitzen, vielmehr die arabische Kultur und Tradition des 7. Jahrhunderts widerspiegeln« (Ceylan/Kiefer 2013, S. 43) beziehen. Das Leben des Propheten Mohammed und der ersten drei Generationen von Muslim*innen, den frommen Altvorderen (al-salaf al-sâlih), entspricht für Salafist*innen ihrer Vorstellung vom idealen Islam, weshalb ihr Wirken darauf zielt, »die idealisierte Gesellschaft des ›Ur-Islam‹, wie sie im Mekka und Medina des 7. Und 8. Jahrhunderts existiert haben soll, zu neuem Leben zu erwecken« (Steinberg 2012, S. 1).

1.3 Die Entwicklung von einer modernistischen zur erzkonservativen Bewegung

Der historische Bezug salafistischen Religionsverständnisses reicht zurück bis ins 8. Jahrhundert zum Begründer der hanbalitischen Rechtsschule Ahmad Ibn Hanbal. Der Gründungsvater der vierten Rechtsschule des sunnitischen Islams trat für ein wortwörtliches Verständnis des Korans und der Hadithe (überlieferte Berichte zu Aussagen und Handlungen des Propheten Mohammed) ein und lehnte damit jegliche Analysen und Interpretationen der religiösen Schriften ab. Schneiders zufolge war sein primäres Ziel *die Bewahrung der Reinheit der Lehre*, um den menschlichen Einfluss auf die Religion, »sprich die Möglichkeit fehlerhafter oder auch manipulierter Deutungen« (Schneiders 2014, S. 48), auf ein Mindestmaß zu reduzieren. Dies ist einer der zentralen Anknüpfungspunkte, das das salafistische Religionsverständnis mit dem hanbalitischen verbindet. Laut Schneiders gibt Ibn Hanbal auch den »Grundgedanken des Salafismus vor, nämlich die Prophetengenossen zu lieben und ihnen zu folgen« (ebd., S. 61). Auch über diese Punkte hinaus gibt es viele weitere Überschneidungen und Anknüpfungspunkte im religiösen Weltbild. Dennoch kann Ahmad Ibn Hanbal nicht als *Urvater des Salafismus* gesehen werden. Dies kann u. a. auf die Tatsache zurückgeführt werden, dass neben vielen Unterschieden Ibn Hanbal eine Rechtsschule des Islams repräsentiert, die Salafist*innen ebenso wie auch alle anderen Rechtsschulen komplett ablehnen. Gleichzeitig ist der Salafismus in seinem Religionsverständnis viel radikaler, was den Umgang mit Andersgläubigen oder mystischen Strömungen wie die des Sufismus angeht (vgl. ebd., S. 60 ff.). Doch das Wirken und die Überzeugungen Ibn Hanbals legten den Grundstein für eine fundamentalistische religiöse Weltsicht, die durch bedeutende Gelehrte bis in die Gegenwart getragen wurde und sich sowohl in Saudi-Arabien wie auch unter Salafist*innen etablierte. Gleichzeitig zählt Ibn Hanbal aufgrund seiner zeitlichen

Nähe zum Propheten wie auch seines Gelehrtenstatus zu der letzten Generation der frommen Altvorderen. So gilt mit seinem Tod Mitte des neunten Jahrhunderts die Ära der frommen Altvorderen als beendet. Im Umkehrschluss beginnt damit, laut salafistischer Überzeugung, die Zeit der Koranexegese und der Verfälschung und Entfernung der Religion von ihrem Ursprung. Die Wiederherstellung des ›Ur-Islams‹ ist für die Anhänger*innen des Salafismus daher das Maß aller Dinge und das Leben nach den, damit zusammenhängenden, religiösen Kriterien ein erstrebenswertes und gesetztes Ziel (vgl. Ceylan/Kiefer 2013, S. 14, 42 ff.).

Der eigentliche Ursprung salafistischen Denkens kann in der Mitte des 13. Jahrhunderts bei dem hanbalitischen Gelehrten Ahmad Ibn Taimīya (1263–1328), auf den sich laut Lohlker Salafist*innen beziehen und sich damit von *anderen islamischen Traditionen abgrenzen*, verortet werden. Ibn Taimīya, der im Bestreben war die Religion gegen *Infragestellungen und Neuerungen* zu verteidigen, war nicht nur ein *Vordenker* des heutigen Salafismus. Als Anhänger der *ahl al-hadīth* (Verfechter des islamischen Traditionalismus), der sich *für die Rückkehr zu einer als ursprünglich verstandenen Glaubenspraxis* und gegen sufistische Praktiken, volkstümliche religiöse Traditionen sowie die Auslegungen von Rechtsgelehrten der vier etablierten islamischen Rechtsschulen aussprach, gilt er auch als *Urvater des islamischen Fundamentalismus* (vgl. Lohlker 2017, S. 17 ff.). Trotz seiner Härte seinen als Feinde deklarierten Zeitgenoss*innen und vor allem jenen Muslim*innen gegenüber, *denen er allerlei unerlaubte Neuerungen* vorwarf, war der Verteidiger des islamischen Religionsgesetzes durchaus auch ein Gelehrter mit reformerischen Gedanken (vgl. Krawietz 2014, S. 68 f.; Weiss 1996, S. 63). Geprägt durch moderne Entwicklungen und den politischen Zuständen seiner Zeit, vertrat Ibn Taimīya einen religiösen Rationalismus, der auf der Vorstellung basierte, »dass die Vernunft das überlieferte Wissen von Koran und Sunna bestätige« (ebd., S. 19) und es daher keiner weiteren (symbolischen) Deutung bedarf.

Auf diese Form religiöser Weltsicht gründeten sich Lohlker zufolge viele Reformbewegungen aus der ganzen islamischen Welt, deren »Kreuzungspunkt […] die Städte Mekka und Medina [waren], wo sich bedingt durch die Pilgerfahrt für mehr oder weniger lange Zeit islamische Gelehrte aufhielten« (ebd., S. 20). Ihnen gemeinsam war das Ziel, den Islam aus seinen eigenen Quellen heraus zu erneuern und ihn damit von unislamischen Einflüssen zu befreien (vgl. ebd., S. 18). Eine der bekannteren Bewegungen war die von Muhammad ibn Abd al-Wahhab (1703–1792), der sich ebenfalls auf das Gedankengut Ibn Hanbals bezog und durch die Begründung des Wahabismus in Saudi-Arabien eine eigene reformerische Strömung erschuf (vgl. Ceylan/Kiefer 2013; Krawietz 2014; Fouad 2015; Lohlker 2017). Ibn Abd al-Wahhab trat Steinberg zufolge für »eine aktivistische Neuinterpretation des islamischen Monotheismusbegriffes (tauhid)« (Steinberg 2014, S. 268) ein und war entschieden gegen jegliche religiöse Praxis, die sich an die Verehrung von Heiligen und Götzen richtete. Mit der Etablierung des Wahabismus auf der arabischen Halbinsel begannen viele Geistliche und Gelehrte sich auch wieder mit den Ideen von Ibn Taimīya zu befassen und einen stärkeren Bezug zu seinem fundamentalen Religionsverständnis und Verhältnis zu den frommen Altvorderen zu entwickeln. Unter den verschiedenen religiös-reformerischen Strömungen gab es eine, »deren

Mitglieder sich als salaf bezeichneten und Sympathien für die wahhabitische Bewegung [...] zeigten« (Lohlker 2017, S. 20).

Aus der Verbindung zwischen den *salaf* und dem Wahhabismus entstand die *Salafiyya*-Bewegung, eine Reformbewegung, deren *Veränderungs- und Modernisierungsbestrebungen* darauf abzielten, den religiösen Dogmatismus der Rechtsschulen, volksislamische Praktiken sowie ein Religionsverständnis, das auf Imitation (taqlīd) beruht, zu überwinden. Vordergründiges Ziel der Salafiyya war es, durch »das Heranziehen einer rationalen Exegese das Muslimsein mit der modernen Lebenswelt zu verknüpfen« (Murtaza 2016, S. 58). Sie waren der Auffassung, dass der Islam eine *rationale Religion* sei, die durchaus mit der Moderne vereinbar ist und daher »eine verantwortlich historisch-kritische Wiederaufnahme der realen Inhalte des Qur'ān die nötige Flexibilität für die Entwicklungen der Moderne« (Murtaza 2016, S. 58) schaffen könne. Für eine historische Begründung dieser Perspektive bezogen sich die Salafiyya vor allem auf das zweite *Goldene Zeitalter* des Islams zwischen dem 8. und 15. Jahrhundert auf der iberischen Halbinsel, wo die »Förderung der Wissenschaften, der religiösen Toleranz sowie des wirtschaftlichen Wohlstands« (Ceylan/Kiefer 2013, S. 61) erfolgte.

Die Überzeugung der Vereinbarkeit von Islam und Moderne sowie die Befürwortung eines wissenschaftlichen Zugangs zur Religion begründeten einen religiösen Rationalismus, der bis in die Anfänge des 20. Jahrhunderts hineinreichte. Mit dem Aufkommen sich politisierender religiöser sowie panislamisch-nationalistischer Bewegungen zu Beginn des 20. Jahrhunderts begannen sich Gruppen wie die Muslimbruderschaft von der modernistischen Perspektive zu distanzieren und einen religiös-politischen Fundamentalismus zu begründen, der durch die Schriften von *Sayyid Qutb (1906–1966) und Sayyid Abul Ala Maududi (1903–1979)* (vgl. ebd., S. 67) einen großen Einfluss auf jene Strömungen ausübte, die heute als erzkonservativ, rückwärtsgewandt, wenig kompromissbereit sowie radikal beschrieben werden. Sayyid Qutb und Sayyid Abul Ala Maududi waren der Überzeugung, dass die sich veränderte geopolitische Weltlage, der sich verbreitende Kapitalismus sowie die Gründung von Nationalstaaten die muslimische Weltgemeinschaft (Umma) zersplitterte. Auch seien zügellose Freiheiten wie sexuelle Freizügigkeit dafür verantwortlich, dass die westlich-modernen Gesellschaften wieder in das Zeitalter der *Dschahilliya* (Unwissenheit) zurückgekehrt seien, weshalb sie im Bestreben waren, durch ihr Wirken und ihre Schriften »die Voraussetzungen für die Einführung eines islamischen Staates« (Ceylan/Kiefer 2013, S. 59) zu schaffen. Genau auf diesem religiös-politischen Verständnis und auf dem einer idealen islamischen Gesellschaft gründet sich das salafistische Weltbild bis in die Gegenwart.

1.4 Gruppierungen des Salafismus

Auch wenn der Salafismus als ein neues Phänomen wahrgenommen wird, sind die religiös-politischen Bestrebungen und Weltsichten, wie wir oben gesehen haben, keineswegs neu. Allein die Diskurse und Debatten, die in der geopolitisch westlichen Welt geführt werden, haben eine kurze Historie, die sich vor allem mit den Anschlägen vom 11. September 2001 einstellten. Die Erschütterung, die jene Anschläge in der gesamten geopolitisch-westlichen Welt hervorgerufen hat, wurde im Laufe der darauffolgenden zwei Jahrzehnte durch zahlreiche weitere schwere Anschläge in ganz Europa und weiten Teilen der Welt immer größer und erreichte Mitte der 2010er Jahre ihren vorläufigen Höhepunkt (vgl. Bundesministerium der Verteidigung 2016). Parallel zu den Ereignissen haben islamistische und salafistische Gruppen und Gemeinschaften ihre Rekrutierungsaktionen und -aktivitäten öffentlichkeitswirksamer und offensiver vorangetrieben, in dessen Folge laut Bundesamt für Verfassungsschutz »seit dem Jahr 2012 [...] mehr als 1.150 Personen [...] aus islamistischer Motivation heraus aus Deutschland in Richtung Syrien und Irak gereist sind« (Bundesamt für Verfassungsschutz). In der Konsequenz führten diese Entwicklungen zu zahlreichen medialen, politischen und gesellschaftlichen Auseinandersetzungen mit der Gefahr des *islamistischen Terrorismus*, bei denen Bedrohungsszenarien geschürt wurden, die sich mit islamophoben und islamfeindlichen Einstellungen und Aktionen mischten. Demgegenüber standen jene gezielten, öffentlichkeits- und medienwirksamen Missionierungsaktivitäten islamistischer und salafistischer Gruppen, die durch ihre Koran-Verteilungsaktionen in den innerstädtischen Fußgängerzonen zusätzlich Ängste und Abwehrreaktionen in der Bevölkerung hervorriefen und eine differenzierte Auseinandersetzung mit dem Salafismus, der unterschiedliche Strömungen in sich vereint, erschwerten. Laut Steinberg (2012) und Ceylan und Kiefer (2013) gibt es drei Typen salafistischer Gruppierungen, die hier kurz und vereinfacht dargestellt werden sollen.

Purist*innen/Quietist*innen

Dieser Gruppe geht es in erster Linie um die reine Lehre des Islam und ein gottgefälliges Leben (vgl. Steinberg 2012, S. 2). Der Islam soll von allen späteren und fremden Einflüssen befreit und die reine Lehre wiederhergestellt werden. Diese Strömung basiert auf dem Gedanken einer religiös-spirituellen Restauration. Vor allem durch frommes Handeln nach dem Vorbild des Propheten in allen gesellschaftlichen und sozialen Lebenslagen soll die Frömmigkeit gesteigert und somit das Goldene Zeitalter eingeleitet werden (vgl. Ceylan/Kiefer 2013, S. 83ff.). Purist*innen lehnen Gewalt ab, sie konzentrieren sich darauf, streng die religiösen Rituale wie z.B. Gebete und körperliche Reinheit einzuhalten, und sie folgen einer rigiden religiösen Erziehung (vgl. Clement/Dickmann 2015, S. 68). Purist*innen enthalten sich politischer Debatten und entwickeln keine Positionen zur Innen- oder Außenpolitik. Ihre politischen Ansichten äußern sie in erster Linie im privaten Rahmen (vgl. Wagemakers 2014, S. 58). Es wird angenommen, dass die quietistisch-puristische Bewegung zur größten Ausrichtung des Salafismus sowohl in Deutschland als auch weltweit zählt (Ceylan/Kiefer 2013, S. 83; Wagemakers 2014, S. 58). Farschid (2014, S. 165) betont, dass die quietistisch-puristischen Salafist*innen von den deutschen Verfassungsschutzbehörden nicht als verfassungsfeindlich eingestuft werden. Sie werden daher dem Fundamentalismus und nicht dem Islamismus zugeordnet (vgl. Farschid 2014, S. 165).

Politische Salafist*innen

Mit einem gottgefälligen Lebensstil verbinden die politischen Salafist*innen die Forderung nach einer Einführung der Scharia, vor allem aber einer religiösen Ordnung (vgl. Steinberg 2012, S. 3), die den salafistischen Interpretationen entspricht (vgl. Dantschke 2014, S. 179). Deshalb engagiert sich diese Gruppe aktiv, um ein politisches System zu etablieren, indem sie z. B. in der religiösen Rhetorik tagespolitische und soziale Missstände aufgreift, um die eigene Ideologie von einer gerechten Welt zu bestätigen. Hierbei wird die Etablierung eines mit dem Koran konformen politischen Systems als Garant für eine fromme Lebensführung betrachtet (vgl. Ceylan/Kiefer 2013, S. 86). Um dieses Ziel zu erreichen, wird eine Abgrenzung von Andersdenkenden praktiziert und der bewaffnete Dschihad gegen Ungläubige unter bestimmten Bedingungen legitimiert (vgl. Clement/Dickmann 2015, S. 68). Dantschke (2014) differenziert die politischen Salafist*innen in Gewalt ablehnende und Gewalt befürwortende. Es ist aber anzunehmen, dass die Grenze fließend ist.

Dschihadistische Salafist*innen

Der dschihadistische Zweig der Salafist*innen offenbart eine hohe Affinität zur Gewalt. Laut Steinberg (2012) steht im Mittelpunkt des Denkens der dschihadistischen Salafist*innen der bewaffnete Kampf im ›Heiligen Krieg‹. Kennzeichnend hierfür ist, dass sie den militanten Dschihad uneingeschränkt als ›Gottesdienst‹ proklamieren (vgl. Ceylan/Kiefer 2013, S. 86; Farschid 2014, S. 166). Insbesondere richtet sich der bewaffnete Kampf gegen ›den Westen‹ sowie die von ›Ungläubigen‹ (kuffar) geführten islamisch geprägten Staaten. Ceylan und Kiefer (2013) betonen, dass die salafistischen Dschihadist*innen einen islamischen Staat anstreben. Charakteristisch für ihre Rhetorik ist, dass sie an historische Narrative anknüpfen und ihre Feind*innen etwa als ›Kreuzzügler‹ betiteln. Dabei spielen sie auf die im Mittelalter im Nahen Osten durchgeführten Kreuzzüge seitens der Europäer*innen an (vgl. ebd., S. 88). Nicht alle Dschihadist*innen werden den Salafist*innen zugeordnet. Aber die Verbindung beider Ideologien hat sich in den letzten Jahren verfestigt. Dschihadistische Salafist*innen stellen im Vergleich zu den beiden anderen Gruppierungen eine relativ kleine Gruppe dar.

Es ist anzumerken, dass die Übergänge zwischen den oben genannten Strömungen fließend sein können und Grauzonen erkennbar sind. Die Kategorisierung des Salafismus stellt somit kein statisches Konstrukt dar. Seidensticker (2014, S. 28) ist der Meinung, dass der Salafismus in Deutschland im Wesentlichen vom Angebot an deutschsprachigem salafistischem Gedankengut profitiert. Der Salafismus präsentiert sich als die wahre Glaubenslehre und gibt vor, in einer transnationalen, entterritorialisierten islamischen Gemeinde (Umma) Orientierung und Halt zu bieten (vgl. ebd.). Für junge Menschen, die in ihrem Leben negative Erfahrungen haben sowie familiäre oder soziale Krisen erlebt haben, kann eine Gemeinschaft, deren Mitglieder ein starkes Kollektivbewusstsein sowie ein starkes Zugehörigkeitsgefühl verbindet, besonders attraktiv sein. Denn sie vermitteln jungen Menschen eine positiv konnotierte Gruppenidentität und das Gefühl, ihnen aus dieser Krise herauszuhelfen (vgl. Abou-Taam 2012), woraus eine identitäts- und sinnstiftende Umorientierung sowie die Grundlage eines Trotz- und Ablehnungsverhaltens gegen gesellschaftliche Normen und Wertestrukturen hervorgehen, die wiederum Nährboden für den Beginn einer religiösen Radikalisierung sein kann.

2   Salafistisch-religiöse Radikalisierung

Seit Beginn der 2000er Jahre zieht das Thema der Radikalisierung zahlreiche öffentlichkeitswirksame Diskurse, in deren Vordergrund die religiösen Radikalisierungstendenzen junger Muslim*innen sowie die Fragen nach den religiösen Hintergründen und gesellschaftlichen Risiken und Auswirkungen stehen, nach sich.

> Die sicherheitspolitische Auseinandersetzung mit der Thematik sowie der politisch und wissenschaftlich diskutierte Zusammenhang mit Gewaltbereitschaft und Extremismus (vgl. Aslan/Akkılıç/Hämmerle 2018, S. 18 ff.; Neumann 2015) vernachlässigen dabei in Gänze die Wesenszüge von Radikalismus und ihre historische Bedeutung für gesellschaftliche Entwicklungs- und Wandlungsprozesse.

Ein kurzer historischer Rückblick zeigt, dass Radikalismus durchaus eine bedeutende Triebkraft gesellschaftlicher Entwicklungen und kritischer Auseinandersetzungen mit dem jeweiligen sozialen, religiösen und politischen Status quo war (vgl. Kilb 2020).

Verschiedene antike bis moderne Strömungen und Bewegungen setzten sich radikal von den vorherrschenden Strukturen ab, kreierten eigene Weltbilder und setzten weitere Entwicklungsprozesse in Gang. Bereits im 5. Jahrhundert v. u. Z. verfolgte der antike Kynismus das Ziel, mit unkonventionellen und provokanten Methoden und Mitteln zu verdeutlichen, dass Bräuche, Sitten und Werte nicht zur Natur des Menschen gehörten, sondern ein gewaltiges Potential von Zwängen darstellten, durch die sie »daran gehindert werden, zu jener uneingeschränkten Freiheit zu gelangen, die allein ein zufriedenes und glückliches Leben gewährleistet« (Döring 2011, S. 25). Diese radikale Auffassung und Umprägung von Bräuchen, Sitten und Werten ihrer Zeit ging mit der Forderung der Abwendung von allen künstlich erzeugten vermeintlichen Bedürfnissen und dem Fokus der Befriedigung von Elementarbedürfnissen auf die einfachste Art und Weise einher (vgl. ebd.). Die grundsätzliche Überzeugung, dass mit der Anspruchslosigkeit an körperlichen Bedürfnissen und der Unabhängigkeit von äußerlicher Anerkennung der Mensch zu seinem Wesensursprung zurückkehren und dadurch ein glücklicheres und zufriedeneres Leben führen kann, begründet den radikalen Bruch mit sozialen Konventionen. Die bewussten Widerhandlungen gegen etablierte Verhaltensnormen waren eine radikal-philosophische Kritik und Umprägung gesellschaftlicher Wertestrukturen (vgl. ebd.).

Im späten Mittelalter setzte sich Galileo Galilei für die Freiheit und Autonomie der Wissenschaft ein, indem er das bis dahin vorherrschende geozentrische Weltbild, demzufolge alle Gestirne im Universum sich um die Erde drehen würden, radikal infrage stellte (vgl. Fischer 2015, S. 9f.). Seine Forderungen und Erkenntnisse brachten ihn in einen schweren Konflikt mit der Inquisition und der Institution Kirche, die ihn unter Hausarrest stellten, aber dennoch nicht verhindern konnten, dass seine Arbeiten eine neue Ära eingeleitet und ein grundlegend neues Weltbild, das die Naturwissenschaften bis heute prägt, hervorgerufen haben (vgl. ebd., S. 9).

Die Überwindung der feudalen zugunsten der bürgerlichen Ordnung während der Renaissance, wurde durch radikale gesellschaftspolitische Umbrüche eingeleitet. Die Amerikanische, Französische, Russische und Deutsche Revolution waren die zentralen Entwicklungen, die den weiteren Verlauf der Geschichte bestimmten. Trotz ihrer unterschiedlichen Ausrichtungen und Zielvorstellungen verband sie das Bestreben, eine jeweils bestehende gesellschaftspolitische Ordnung von Grund auf zu verändern und ein neues politisches Zeitalter einzuleiten. So führten die Revolutionen nicht nur zum Sturz von Monarchien und zur Loslösung von politischen Abhängigkeiten, sondern zur Schaffung neuer Staatsformen und eines neuen Bewusstseins (vgl. Dippel 1985; Arendt 2011).

Neben den historisch-philosophischen, wissenschaftlichen und politischen Radikalismen spiegeln sich auch in der Kunst und Literatur radikale Strömungen und Umbrüche wider. Diese zeichnen sich dadurch aus, dass sie alte künstlerische/literarische Traditionen verwerfen und Stilbruch begehen, um neue Formen, kreative Erneuerungen und neue Stilelemente hervorzubringen. Laut Lobsien gelingt eine radikale Erneuerung nur durch eine radikale Attacke. Demnach macht die radikale Kunst seiner Ansicht nach »es sich zur Aufgabe, das Überkommene mit provokanter Attitüde zu attackieren, um so zu einer Annäherung an die wahren Verhältnisse, einer Aufdeckung der wirklichen Gründe, zu gelangen« (Lobsien 2013, S. 52). Das bedeutet, dass das künstlerische Tun nur durch die Verwerfung der alten Traditionen und Gewohnheiten sowie die Beseitigung bestehender Denkweisen und Stilmittel den Dingen der Welt und dem Leben, das sie abzubilden versucht, auf den Grund kommen kann (vgl. ebd.). Genauso verhält es sich mit dem literarischen Tun, dessen Radikalität sich darin äußert, sprachliche Reglementierungen und Restriktionen zu überwinden, um der Fixierung des Denkens, geprägt durch die Teilung der Wirklichkeit in räumliche, zeitliche, dingliche und psychische Einheiten, zu entkommen (vgl. ebd., S. 57). Dies sei nötig, um der Sache selbst, der eigentlichen Wirklichkeit oder, wie der Philosoph Edmund Husserl es ausdrückt, dem vortheoretischen/-wissenschaftlichen Wissen von der Welt (vgl. Husserl 1962, S. 143) so nah wie möglich zu kommen. Lobsien zufolge schafft Husserl mit seinem Wirken auch eine Schnittstelle zwischen dem Literarischen und Philosophischen. Seine radikalen Beiträge zur Neubegründung der Philosophie am Anfang des 20. Jahrhunderts hatten laut Lobsien auch Folgen für die Literatur (vgl. Lobsien 2013, S. 60).

Schon die hier begrenzte Darstellung historischer Radikalismen macht deutlich, dass gesellschaftliche Entwicklungen und Bewegungen immer wieder geprägt von radikalen Formen sozialer und politischer Aufstände, Umbrüche und Revolutionen, philosophisch-wissenschaftlicher Umdeutungen und Umprägungen sowie künstlerisch-literarischer Verwerfungen in Erscheinung traten. Ihr Einfluss auf die Geschichte und die Gegenwart zieht schon fast zwangsläufig die Frage nach sich, ob Fortschritt und Entwicklung ohne radikale Widerstände überhaupt möglich sind.

Dem Brockhaus zufolge wurde Radikalismus lange als »das prinzipienfeste, unter Umständen auch organisierte Eintreten für Bürgerrechte, soziale Gleichheit, Freiheit und demokratische Selbstbestimmung« (Brockhaus online) bezeichnet. Diese positive Konnotation habe sich aber »durch die weltanschaulichen Auseinandersetzungen des 19. Jahrhunderts um demokratische Veränderungen in Staat und Gesellschaft« verändert, womit »Radikalismus zu einem umstrittenen politischen Kampfbegriff« (Schnackertz 2011, S. 7) wurde. So wurde das Thema Radikalität bis zum Ende der 1990er Jahre fast ausschließlich in seiner politischen Dimension diskutiert. Denn von den liberalen Reformern bis zu den marxistischen Revolutionären sowie den Studierendenrevolten der 1960er Jahre zielten alle radikalen Bewegungen darauf ab, die gesellschaftlichen Verhältnisse und autoritären Strukturen umzuwandeln und in neue Strukturen zu überführen (vgl. Fahlenbach 2007, S. 14). Diese Bestrebungen, ihre Auffassungen und die damit einhergehenden Handlungen und Aktionen waren deshalb radikal, da sie an den Grundfesten des vorherrschenden sozialen und politischen Status quo ihrer Zeit rüttelten. Dies ist einer der Wesenszüge von Radikalismus, der seiner wörtlichen Bedeutung nach ein System von Auffassungen und Aktionen ist, die eine »auf die Wurzel (radix) gehende Haltung, Einstellung oder Bewegung« beschreibt und auf eine »grundsätzliche Umgestaltung bestehender Denk-, Orientierungs- und Handlungsweisen sowie gesellschaftlicher Strukturen« (Hillmann 2007, S. 722) abzielt.

> Diese Umgestaltung kann sowohl mit dem Bestreben einhergehen, sich auf ein sozial, religiös oder politisch altes und tradiertes Wertesystem, von dem abgewichen wurde, zurückzubesinnen. Sie kann aber auch eine komplette Erneuerung bestehender Verhältnisse bedeuten, bei der alte und tradierte Strukturen komplett abgelehnt, dafür neue Wertesysteme konstituiert werden (vgl. Noethlichs 2011, S. 71). Lobsien schlägt in diesem Zusammenhang eine differenzierte Definition von »radikal« vor. Ihm zufolge impliziert der Begriff radikal zwei Dimensionen: »eine vertikale, die die Vorstellungen nach unten, zur radix, der Wurzel, der Basis, der Essenz, dem Ursprung, Kern, Fundament oder Grund lenkt und überwiegend Assoziationen der Stabilität aufruft; und eine horizontale oder lineare Vorstellung, die dann virulent wird, wenn ›radikal‹ im Sinne von avantgardistisch, fortschrittlich, progressiv, reformerisch gemeint ist« (Lobsien 2013, S. 52).

Laut dieser Definition sind alle vertikalen Bestrebungen, die auf ein tradiertes, bestehendes Fundament aufbauen und sich darin (wieder-)verwurzeln einer Neuerung und dem Fortschritt entgegengestellt. Die horizontale Dimension hingegen verwirft den Aspekt der Stabilität zugunsten einer vorwärts stürmenden, dynamischen, revolutionären und das Überkommene zurücklassenden Neuverwurzelung bzw. fundamentalen Neuerrichtung (vgl. ebd.). Das bedeutet gleichzeitig, dass der Radikalismus nur als Antagonismus zu bestehenden Ordnungen und Strukturen und der Abgrenzung zu diesen existieren kann (vgl. Nonhoff 2007, S. 10–14). Er ist somit stets verknüpft mit religiösen oder politischen Gesellschaftsbildern bzw. Utopien, die sich grundlegend von der disponiblen Gesellschaftsordnung unterscheiden (vgl.

Hammer 2008, S. 114). Radikalismus kann also ebenso eine Forderung sein, die eine grundsätzliche Rückbesinnung auf alte gesellschaftspolitische Strukturen oder Wertesysteme propagiert und ihre Bestrebungen danach richtet. Dies trifft auf rechtsradikale Bewegungen und Parteien, wie die Pegida-Bewegung und die AFD genauso zu wie auf radikal-religiöse oder fundamentalistische Gruppen wie die Salafist*innen (vgl. Butterwege u. a. 2018; Schneiders 2014). Im Prinzip können alle antagonistischen Sichtweisen, Handlungen und Strömungen, die eine grundlegend ablehnende Haltung dem Status quo gegenüber haben, einen grundlegenden Wandel, eine grundlegende Erneuerung oder eine grundlegende Rückbesinnung auf alte Werte, Traditionen und Ordnungen anstreben, als radikal bezeichnet werden (vgl. Lobsien 2013, S. 52). Die Beurteilung der jeweiligen Radikalismen obliegt dabei dem eigenen oder gesellschaftlich dominanten politischen Meinungsbild.

So waren ab den Anfängen der 2000er Jahre und insbesondere vor dem Hintergrund des 11. September religiös motivierte Handlungen und Aktivitäten im Fokus der Radikalismus-Debatten (vgl. Neumann 2013, S. 3). Die Manifestierung seiner negativen Konnotation sowie seine Verbindung mit Gewaltbereitschaft lassen sich genau an diesem Punkt verorten. Zahlreiche Anschläge und Kriege im Namen der Religion und der damit zusammenhängende weltweite Terror islamistischer Gruppen waren verantwortlich für den Bedeutungswandel von Radikalität in den wissenschaftlichen und politisch-gesellschaftlichen Diskussionen. Plötzlich galten Menschen als radikal, die per se demokratiefeindliche, gewaltbereite und verfassungswidrige Tendenzen aufwiesen (vgl. Neumann 2013, S. 3). Dabei ist Radikalisierung dem Psychoanalytiker Benslama zufolge erst einmal nur »das Symptom eines Wunsches nach Verwurzelung bei denen, die keine Wurzeln mehr haben oder dies so empfinden« (Benslama 2017, S. 35). Benslama meint hier vor allem junge Menschen, Ultra-Islamist*innen, wie er aus ihren Verhaltensweisen hatte schließen können, aus den nördlichen Banlieues von Paris, auf die er in seiner klinischen Arbeit gestoßen sei. Seiner Auffassung nach zeugte alles in ihrer Lebenswelt von einer Entwurzelung: »ihre Familiengeschichte, die Atmosphäre in der Wohnsiedlung, das ihnen zugeschriebene Image sowie ihre perspektivlose Zukunft« (ebd.). Die Besinnung auf klare Lebensentwürfe sowie die Vertiefung religiöser Vorstellungen und die Orientierung an religiösen Wertestrukturen ist für diese jungen Menschen möglicherweise eine Form der Bewältigung ihrer krisenhaften Lebenssituation.

Waldmann definiert in diesem Zusammenhang Radikalisierung als eine übersteigerte und extreme Reaktion junger Menschen auf ihre Identitäts- und/oder Sinnkrise. Der Wunsch nach (Wieder-)Verwurzelung kann ihm zufolge zu radikalen Veränderungen der eigenen persönlichen Präferenzen, Entscheidungen und zur radikalen Umgestaltung der eigenen Lebenswelt führen (vgl. Waldmann 2014, S. 341). Religiös kann sich dies in der Verstärkung fundamental-religiöser Ansichten, die sich sowohl in der rein religiösen Praxis und der Lebens- und Weltsicht, der Politisierung und deren öffentlicher Präsenz als auch im ›Endstadium‹ als gewaltbereiter Extremismus zeigen können, äußern (vgl. Pisoiu 2013, S. 60). Die Grenzen zwischen diesen drei Ausprägungen der religiös motivierten Radikalisierung sind jedoch nicht statisch und können sich ebenso überschneiden. Das bedeutet, dass die reine religiöse Praxis ebenso mit einer Politisierung einhergeht, wie auch die Politisierung die Legitimierung von Gewalt begründen kann. Dies bedeutet aber nicht, dass der Radikalisierungsprozess linear in seiner Entwicklung ist. Radikalisierung ist ebenso umkehrbar und muss nicht zwangsläufig in einen gewaltbereiten Extremismus münden. Fest steht auch, dass es keine monokausalen Faktoren, sondern das Zusammenspiel mehrerer Aspekte sind, die zur Radikalisierung bei den einen und zur Entwicklung unterschiedlichster Bewältigungsstrategien bei den anderen führen können (vgl. Ceylan/Kiefer 2013, S. 162 f.). Dennoch stechen einige Faktoren, die vor allem das sinn- und identitätsstiftende Zugehörigkeitsgefühl ansprechen, besonders hervor. Im Folgenden sollen daher relevante Einflussfaktoren und ihre Bedeutung für den Prozess der Radikalisierung näher erörtert werden.

2.1   Religiöse Erziehung und Sozialisation

Die hohe Priorisierung von Religion seitens muslimisch sozialisierter Jugendlicher kann sowohl auf eine starke soziale und religiöse Geprägtheit und Erwartungshaltung, die mit sozialer Akzeptanz und Anerkennung belohnt wird, zurückgeführt werden. Sie kann aber auch, durch Identitätskrisen, Sinnfragen und Diskriminierungserfahrungen bestärkt sowie auch als Teil der Adoleszenzphase und Suche nach Zugehörigkeit und Orientierung verstanden werden. Ferner schafft Religion eine lebensweltliche Orientierung, die durch feste Rituale und Richtlinien umrahmt wird, die wiederum strukturbildend sind (vgl. Frese 2002, S. 278 ff.).

> Vor dem Hintergrund der Diaspora-Situation (vgl. Uslucan 2017a; von Wensierski 2015) stechen aber vor allem die Faktoren Erziehung und Sozialisation für die bedeutende Stellung der Religion im Alltag muslimisch sozialisierter Jugendlicher, hervor. Die Vermittlung religiöser Werte hat für viele Familien in der Migrationsgesellschaft einen großen Stellenwert, da für sie sowohl die religiöse Praxis als auch religiöse Bildungsangebote nicht in dem Maße umsetzbar sind wie in den islamischen Herkunftsgesellschaften (vgl. Toprak 2012). Die Angst, dass die Jugendlichen dadurch den Bezug zu ihren religiösen und kulturellen Wurzeln verlieren, führt zu einer Priorisierung religiöser Erziehung sowohl in der Familie als auch in den religiösen Gemeinden (vgl. Ceylan 2014).

Die Bewahrung traditionell-kultureller und religiöser Werte festigt sich durch routinierte und habitualisierte Alltagshandlungen, die mit der Weitergabe dieser an die nächste Generation sich Berger und Luckmann zufolge institutionalisieren und von der jungen Generation internalisiert werden (vgl. Berger/Luckmann 2018, S. 62). Konkret bedeutet das, dass junge Menschen in eine Gemeinschaft hineingeboren werden, deren Wertestrukturen bereits vordefiniert sind und in die sie durch ihre Eltern bzw. primären Erziehungsberechtigten hineinerzogen werden. Dies geschieht vor dem Hintergrund der elterlichen Lebensentwürfe, Wertestrukturen und

Weltsichten als grundlegende Orientierungen, die Verhaltensweisen und Lebensmuster als erwünscht bzw. unerwünscht definieren. Die elterliche Erziehung hat damit grundlegende Auswirkungen auf die Persönlichkeits-, Leistungs- und Sozialentwicklung der Jugendlichen (vgl. Hurrelmann/Quenzel 2022, S. 132 ff.). Auch bilden die vermittelten Werte eine bedeutende Grundlage für Weltanschauungen und Glaubensgrundsätze, mit denen die jungen Menschen aufwachsen. Bei muslimischen Familien ist es die Vermittlung religiöser Werte, die bei der Erziehungshaltung besonders bedeutend ist. Ein möglicher Grund hierfür kann in der Funktion von Religion liegen, die nicht nur den Jugendlichen selbst als Orientierung dient, sondern auch ihren Eltern in deren Erziehungskontext. Uslucan zufolge können Eltern die in der Moderne immer schwerer gewordene Frage nach angemessenen Erziehungsinhalten durch eine klare Orientierung an religiösen Regeln und Normen vermeiden bzw. umgehen (vgl. Uslucan 2014, S. 6). Gleichzeitig zielt Kağıtçıbaşı zufolge die religiös-konservative Erziehung auch auf die Festigung der familiären Bindungen und die Entwicklung eines auf das Funktionieren der Familie gerichteten Orientierungssinns für das gesellschaftliche Leben, der sich viel mehr aus der Tradition ergibt und nicht religiös begründet ist (vgl. Kağıtçıbaşı 1997, S. 151–153), weshalb religiöse Erziehung sowohl für Familien mit starken wie auch weniger starken religiösen Bezügen sehr bedeutend ist, wie zahlreiche Studien bestätigen (vgl. Frindte 2011; Toprak 2012; Gensicke 2015).

Die im Jahr 2011 veröffentlichte Studie *Lebenswelten junger Muslime in Deutschland* kommt aufgrund einer Mehrgenerationenbefragung von Personen aus der ersten bis dritten Generation türkeistämmiger Muslim*innen zu dem Ergebnis, dass bei allen Befragten ein deutlicher Bezug zu einer muslimischen Identität existiert. Laut der Studie lässt sich die Bedeutung der religiösen Zugehörigkeit u. a. daran ablesen, dass sowohl im Alltäglichen wie auch in den Einstellungen und Wahrnehmungen, unabhängig von der tatsächlichen Ausübung oder Stärke der Religiosität, die muslimische Zugehörigkeit präsent ist und als wichtiger Teil der eigenen Person definiert wird (vgl. Frindte u. a. 2011, S. 86).

Auch Toprak (2012) kommt in der Studie *Unsere Ehre ist uns heilig – Muslimische Familien in Deutschland* zu ähnlichen Ergebnissen: Toprak führte Interviews mit mehreren muslimischen Familien durch und fand heraus, dass sowohl die religiöse Identität als Muslim*a wie auch die religiöse Erziehung bedeutend sind (vgl. ebd., S. 77).

Die Ergebnisse der TIES-Teilstudie aus dem Jahr 2015 bestätigen die Erkenntnisse der Studien von Frindte u. a. (2011) und Toprak (2012). Die Untersuchung kommt zu dem Ergebnis, dass mehr als 90 % der Türkeistämmigen der zweiten Generation sich als Muslim*innen identifizieren. Ferner geben neun von zehn Befragten an, dass sie muslimisch erzogen wurden (vgl. Sürig/Wilmes 2015, S. 142–143). Die Priorität der religiösen Zugehörigkeit und Identifikation zeigt sich darin, dass der Islam für die türkeistämmigen Befragten mehr Identifikationspotential bietet als das Christentum für die Vergleichs- und Kontrollgruppe der Deutschen ohne Migrationshintergrund: »Islam offers much more identification potential for the respondents of Turkish descent than Christianity does for the respondents with a Yugoslavian background or those from the control group« (ebd., S. 143).

Auch laut Shell-Jugendstudie ist vor allem bei muslimisch sozialisierten Jugendlichen gut zu beobachten, dass für einen Großteil von ihnen, im Vergleich zu den christlich sozialisierten Vergleichsgruppen, der Glaube an Gott eine wichtige Wertorientierung in ihrem Alltag darstellt (vgl. Gensicke 2015, S. 255). Dieses Tableau spiegelt sich ebenso in der Erziehungshaltung vieler muslimischer Eltern wider, für die die Erziehungsfrage stark mit der Vermittlung religiöser Werte, Normen und Rituale einhergeht. Als Hauptbestandteil der religiösen Ordnung und Praxis zählt hierzu vor allem die Vermittlung der fünf Säulen des Islams.

1. **Sahada – die Annahme des Islam als Religion:** Die Annahme des Islam vollzieht sich mit dem Aussprechen des Glaubensbekenntnisses »ashadu an la ilaha illa llah wa-ashadu anna Muhammadan rasulullah« – ins Deutsche übersetzt heißt es: »Ich bezeuge, dass es keinen Gott außer Allāh gibt, und ich bezeuge, dass Muhammad der Gesandte Gottes ist.« Im Islam wird angenommen, dass ein Kind automatisch Muslim*a ist, wenn es muslimische Eltern hat. Das Kind wird als Muslim*a behandelt. Nach Christine Schirrmacher (2004) ist keine spätere *Bekehrung*, kein Bekenntnis oder eine ausdrückliche Erklärung des Kindes notwendig wie z. B. bei der Taufe oder Konfirmation im Christentum. Kinder in religiösen Familien werden von klein auf mit religiösen Ritualen vertraut gemacht. Das Kind lernt im Laufe der Zeit, sich in unterschiedlichen Zusammenhängen zu Gott und seinem Propheten zu bekennen. Das kann in unterschiedlichen Gebeten geschehen oder aber bei religiösen Schulungen oder Familienfesten.
2. **Salat – das täglich fünfmal zu verrichtende Ritualgebet:** Das bedeutendste religiöse Ritual ist für die größte Anzahl der Muslim*innen das täglich fünfmalige Gebet. Aufgrund der Erwerbstätigkeit können nicht alle dieses Ritual regelmäßig einhalten. Aber mindestens das Freitagsgebet (mittags), das mit dem sonntäglichen Kirchgang der Christ*innen verglichen werden kann, soll eingehalten werden. Dies ist im Alltag nicht ganz leicht. Denn es gibt viele Dinge, die beachtet werden müssen. Dazu zählt, dass sowohl der Gebetsort sauber gehalten werden wie auch der*die Betende sich einer rituellen Waschung, im Arabischen wudu, im Türkischen abdest genannt, unterziehen muss. Das Gebet wird als Dialog des*der Gläubigen mit Gott charakterisiert. Durch den symbolischen Akt der Waschung tritt der*die Gläubige sauber und rein vor Gott. Jede*r Gläubige muss vor dem Gebet beide Hände bis zum Handgelenk und das Gesicht dreimal waschen, die Nase und den Mund dreimal ausspülen, einmal den Kopf sowie dreimal beide Füße bis zu den Knöcheln waschen. Kinder und Jugendliche sollen die richtige Abfolge in ritualisierter Form, begleitet von gesprochenen Gebetsversen, erlernen und umsetzen. Es geht nicht darum, die Bedeutung der arabisch gesprochenen Verse zu verstehen und nachzuvollziehen, sondern das auswendig Gelernte soll korrekt wiedergegeben werden. In diesem Zusammenhang werden bestimmte Werte und Normen geschlechtsspezifisch vermittelt, d. h. der Vater unterweist den Sohn, die Mutter die Tochter. Das tägliche Beten wird den Kindern in der Grundschulzeit beigebracht und soll spätestens ab der Pubertät selbstständig umgesetzt werden können.

3. **Zakat – die Almosensteuer:** Almosenpflichtig ist jede*r volljährige, gesunde und freie Muslim*a; der Ertrag der Steuer ist für die Armen und Bedürftigen bestimmt. Sie wird in der religiösen Literatur als verdienstvolles Werk der Muslima bzw. des Muslims bezeichnet. Die Höhe der Almosensteuer richtet sich nach dem Einkommen. Ausgenommen ist, wer Schulden hat oder nicht genug verdient. Die Almosensteuer hebt den sozialen Aspekt der religiösen Pflicht hervor: Der*die Wohlhabende soll durch die Almosensteuer die Ärmeren unterstützen, sie soll an eine*n andere*n Muslim*a ausgezahlt werden. Auch Kinder sollen bereits früh zu dieser religiös motivierten sozialen Pflicht angehalten werden.
4. **Saum – das Fasten im Monat Ramadan:** Das Einhalten des Fastenmonats Ramadan ist in den Herkunftsländern der Migrant*innen sehr verbreitet. Die Gläubigen verstehen sich dabei als verpflichtet, einen Monat lang von Sonnenaufgang bis Sonnenuntergang nicht zu essen, nicht zu trinken und nicht zu rauchen. Am Abend – zwischen Sonnenuntergang und Sonnenaufgang – kann wieder gegessen werden. Der Ramadan wird nach einem Monat mit dem drei Tage anhaltenden Zuckerfest beendet. Die Fastenzeit liegt im neunten Monat (Ramadan) des islamischen Mondkalenders, weil in diesem Monat die Offenbarung des Korans an den Propheten Mohammed begonnen hat. Da Muslim*innen den beweglichen Mondkalender nutzen, verschiebt sich der Fastenmonat jährlich jeweils um zehn bis elf Tage. Für viele Muslim*innen besteht ein zentraler Sinn des Fastens darin, dass sich die*der Gläubige durch Enthaltsamkeit die Bedeutung von Hunger und Durst vergegenwärtigt. Darüber hinaus wird das Fasten immer wieder auch im Sinne eines Tests der Loyalität gegenüber Gott gedeutet (vgl. Kreiser/Wielandt 1992).

Bei der religiösen Erziehung wird darauf hingewirkt, dass die Kinder Schritt für Schritt das Fasten einhalten. Eine wichtige Lernmethode ist das Prinzip des *Lernens am Modell*. Das heißt, die Kinder beobachten ihre Eltern beim Fasten, um sie später schrittweise zu imitieren. Spätestens bis zur Pubertät sollen die Kinder gelernt haben, den gesamten Monat fasten zu können. Allerdings kennt das Fasten auch Ausnahmen, wie z. B. Krankheit, Schwangerschaft, Alter oder längere Reisen.
5. **Die Wallfahrt nach Mekka:** Entsprechend der Sure 3, 97 des Korans ist jede*r volljährige Muslim*a verpflichtet, mindestens einmal in seinem*ihrem Leben die Wallfahrt nach Mekka zu verrichten, sofern sie*er die finanzielle Möglichkeit hierzu hat. Es geht bei der fünften und letzten Säule darum, dass jede*r Muslim*a die heiligen Orte des Islam besichtigen soll. Die Wallfahrt nach Mekka findet im letzten Monat des islamischen Mondkalenders in der Gemeinschaft der Gläubigen statt. Wer die Wallfahrt erfolgreich abgeschlossen hat, erhält den Ehrentitel *Hadschi*. Das Ende der Wallfahrt wird mit dem Opferfest gefeiert.

Neben den fünf Säulen des Islam werden die Kinder in religiösen Familien angehalten, die religiösen Feste zu kennen und zu feiern. Wie oben bereits erwähnt, wird die vierte Säule des Islam (Fasten) mit dem Ramadanfest, umgangssprachlich Zuckerfest, und die fünfte Säule (Pilgerfahrt) mit dem Opferfest abgeschlossen. Die Feste sind jeweils auch Anlass, sich im Falle von Unstimmigkeiten oder Streit in der Familie oder im Bekanntenkreis wieder zu versöhnen. Sowohl das Praktizieren der

Pflichtrituale wie auch das Feiern religiöser Feste geschieht kollektiv im familiären und/oder religiös-gemeinschaftlichen Kreis, weshalb die Anbindung an Moscheevereine ein ebenso bedeutender Faktor in der Religiosität junger Muslim*innen ist. Durch die Anbindung der Jugendlichen an kulturell-religiöse Zentren wie die Moscheevereine verfolgen Eltern das Ziel ihren Kindern mehr über die Inhalte ihrer Religion sowie über ihre Pflichten als Muslim*a zu vermitteln (vgl. Toprak 2012, S. 78). Damit schaffen sie ihnen den Zugang zu einem sozialen Gefüge, das aufgrund seiner identitätsstiftenden Funktion das Zugehörigkeitsgefühl verstärkt und für den*die Jugendliche einen bedeutenden Stellenwert zu spielen beginnt. Damit einhergehend relativiert sich auch der Einflussbereich der Eltern mit der Zeit, wodurch Peers, Schule, Medien sowie das kulturell-religiöse Vereinsmilieu wie Moschee- oder Kultur- und Heimatvereine als sekundäre Sozialisationsinstanzen immer mehr an Einfluss gewinnen (vgl. Hurrelmann/Quenzel 2022, S. 155 ff.). Sie sind einflussreich, weil Sozialisation im Gegensatz zum erzieherischen Handeln der Eltern nicht bewusst und zielgerichtet ist, sondern in einer gegenseitigen Wechselwirkung durch partizipatives und intentionales Engagement des jungen Menschen über eine längere Zeit sich vollzieht. Dabei erlernt das Individuum stets von neuem die in der jeweiligen Gemeinschaft vorherrschenden Werte, Normen und sozialen Rollenerwartungen, die es im Zuge der Zugehörigkeit internalisiert (vgl. Neuenschwander 2011, S. 62). Für die Adoleszenz bedeutet dies, dass junge Muslim*innen neben der Bewältigung allgemeiner Entwicklungsaufgaben und der Auseinandersetzung mit der Frage nach ihrer ethnischen, kulturellen und religiösen Zugehörigkeit (vgl. Uslucan 2010, S. 197) sich zusätzlich auch mit den unterschiedlichen sozialen Kontexten und dem sich wandelnden sozialen Umfeld arrangieren müssen. So vollzieht sich von Wensierski zufolge

> »die potenzielle Individualisierung der Jugendphase junger Muslimas und Muslime […] auf der Basis einer spezifischen kulturellen Auseinandersetzung mit der eigenen ethnischen und migrationssoziologischen Identität sowie den traditionellen islamisch-patriarchalen Strukturen der Elterngeneration« (von Wensierski 2015, S. 324).

Die Bedeutung der religiösen Identifikation und Zugehörigkeit befördert für muslimische Jugendliche jedoch ein Dilemma. Nach Uslucan könnte in diesem Zusammenhang zu viel Wandel der religiös-kulturellen Wertstrukturen und Lebenseinstellungen zu Chaos innerhalb der familiär-gemeinschaftlichen Sozialisationsstrukturen führen, während zu wenig Wandel und Anpassung an die modernen Verhältnisse als Rigidität seitens der Gesellschaft aufgefasst werden kann (vgl. Uslucan 2014, S. 5). Bei Jugendlichen aus insbesondere religiös-konservativen und autoritären Familienstrukturen, in denen Werte wie Respekt und Gehorsamkeit als wichtige Aspekte einer Hierarchieordnung fungieren, kann dieses Dilemma durchaus zur starken Verwurzelung in religiös-konservative Wertestrukturen und Lebenseinstellungen führen. Denn die gesellschaftlichen Entwicklungen in der gegenwärtigen Moderne gehen mit der Auflösung kulturell vordefinierter Identitätsmuster, durch die der*die Einzelne vor der permanenten Aufgabe steht, verschiedene soziale Rollen und Lebensentwürfe, wie auch damit zusammenhängende Sinnstrukturen zu einem Sinnganzen zusammenzuführen, einher (vgl. Eickelpasch/Rademacher 2004, S. 7). Das bedeutet zugleich den Verlust von Sicherheit, den die

Vorstellung von einem eindeutigen und traditionell verwurzelten Lebensentwurf mit sich bringt. Identität bewegt sich damit in einem ständigen Spannungsverhältnis zwischen Tradition und Moderne (vgl. Hall 1994, S. 26 ff.), innerhalb dessen der Prozess der Identitätsbildung Gefahr läuft, einer Krise anheimzufallen (vgl. Hurrelmann 2012).

2.2 Traditionelle Werte und die Rollen von Mann und Frau

Neben der religiösen Erziehung sind das Verständnis der Funktionslogik traditioneller muslimischer Familien und die Zusammenhänge zwischen den wirksamen Werten und den damit verbundenen Rollen von Mann und Frau bedeutend. Zunächst wird der Begriff der Ehre beschrieben, um davon ausgehend die Geschlechterrollen an den Funktionen von Vater und Mutter in konservativ geprägten Familien zu skizzieren.

Der Begriff der Ehre

Einige wichtige Begrifflichkeiten, die das familiäre Zusammenleben je nach Familie auf unterschiedliche Art und Weise prägen und auch in der Praxis von zentraler Bedeutung sind, sollen hier erläutert werden. *Ehre* beinhaltet vier voneinander untrennbare Werte. Die vier Bestandteile – şeref, namus, saygı und onur – werden definiert und erläutert.

- **Şeref = Ansehen:** Im Vergleich zu *namus* ist *şeref* ein Wert, der variabel ist. Er wird als ein Rang für Dienste an der Gesellschaft verwendet. Um in der Gesellschaft eine anerkannte Stellung zu erhalten, muss man Reife, Erfolge und gute Taten vorweisen können. Positive Verhaltensweisen in der Gesellschaft wie Hilfsbereitschaft, Integrität oder Ehrlichkeit erhöhen das Ansehen eines Individuums, während negativ konnotierte Eigenschaften wie Lügen oder Stehlen von der Gesellschaft sanktioniert werden, somit das Ansehen des Individuums vermindern. *Şeref* muss mühsam durch gute Taten und eine positive Lebensweise erarbeitet werden. Ob Männer und Frauen gleichermaßen *şeref* besitzen, ist umstritten. Laut İlhan Kızılhan (2006) besitzen fast ausschließlich Männer *şeref*, da dieser Wert nur in den öffentlichen und politischen Beziehungen, welche die Männer unterhalten, eine Rolle spiele. Der in erster Linie dörflich geprägte und ambivalente Begriff der 1960er Jahre wird von Vätern des konservativ-autoritären Familientyps wie auch von Kızılhan vertreten und als ein Männlichkeitsbegriff interpretiert. In einer anderen Auslegung wird *şeref* als ein positiver und universeller Wertebegriff für beide Geschlechter definiert.

- **Namus = Ehre:** Während *şeref* erst im Erwachsenenalter erreicht werden kann, ist *namus* ein Wert, den alle besitzen und der auch nicht durch Eigeninitiative vermindert oder gesteigert werden kann. *Namus* kann man jedoch durch Angriffe von außen verlieren. Werner Schiffauer (2002) unterteilt den klassisch-traditionellen Begriff *namus* in zwei verschiedene Bereiche, Innen und Außen: Hier liegt die Vorstellung einer klaren Grenze zugrunde, die Innen (Kontext der Familie) und Außen (Öffentlichkeit, wie Nachbar*innen oder Dorfbewohner*innen) unterscheidet. Die Ehre des Mannes ist verletzt, wenn diese Grenze überschritten wird, wenn beispielsweise ein Außenstehender einen Angehörigen der Familie, in den meisten Fällen eine Frau, belästigt oder angreift. Ein Mann gilt als ehrlos, wenn er dann nicht bedingungslos und entschieden seine Angehörigen verteidigt. Der zweite und zentrale Teil von *namus* betrifft die Sexualität. *Namus* regelt nicht nur die Beziehung nach innen und außen, sondern sie bestimmt auch das Verhältnis zwischen Mann und Frau. *Namus* bedeutet für Mann und Frau Unterschiedliches: für die Frau, dass sie bis zur Ehe ihre Jungfräulichkeit bewahrt und auch während der Ehe treu bleibt. Die *namus* eines Mannes hängt vor allem vom Verhalten seiner Frau ab: Männer müssen die Sexualität ihrer weiblichen Angehörigen (Ehefrauen, Töchter und Schwestern) kontrollieren und besitzen Ehre, wenn ihre Kontrolle sozial anerkannt ist.
- **Saygı = Respekt, Achtung:** Ein anderer wichtiger Begriff für die Ehre ist Achtung (*saygı*). In der Familienhierarchie werden ältere Brüder mit *abi* (großer Bruder) und ältere Schwestern mit *abla* (große Schwester) angesprochen. Verwandte dürfen nicht einfach beim Vornamen genannt werden, sondern mit dem Zusatz Onkel, Tante oder großer Bruder etc. Diese Anreden werden in der Regel auch für ältere fremde, nicht der Familie angehörende Personen verwendet. Auch die für dieses Buch durchgeführten Interviews zeigen, dass unabhängig von Bildungsgrad, Geschlecht und Generation die Werte Respekt und Achtung als unantastbare Säulen der konservativ-autoritären Familien akzeptiert und adaptiert werden.
- **Onur = Würde:** Im Vergleich zu den ersten drei Begriffen ist *onur* abstrakter und auch schwer messbar. *Onur* ist eine innere Haltung des Individuums, die nicht nach außen, sondern nach innen gerichtet ist. Lale Yalçcın-Heckmann (2000) beschreibt diesen Begriff wie folgt: »Spricht man von Würde (*onur*) einer Person, so versteht man darunter den inneren Respekt und Werte, zu denen sich ein Individuum anders als im Fall des Ehrbegriffes *şeref* selbst bekennt und mit denen es sich im Notfall gegen eine Verurteilung durch die Gesellschaft oder gegen Interventionen des Staates verteidigen kann.« Der Begriff *onur* hat also im Unterschied zu den ersten drei Begriffen eine individuelle Bedeutung. Denn bei *şeref*, *namus* und *saygı* ist die Bewertung und Anerkennung der Gemeinde, von Bekannten oder Freund*innen ausschlaggebend.

In der Erziehung spielen also Ehre, Ansehen, Respekt und Autorität eine entscheidende Rolle. Gleichzeitig leben diese Werte von einer ausgeprägten Außenkontrolle der Kinder durch Erwachsene bzw. Ältere. Diese Werte sind geschlechtsspezifisch differenziert, so dass daraus jene Merkmale entspringen, die später – beispielsweise in der Schule – zu Problemen führen können: Jungen dürfen demnach toben, selbstbewusst auftreten usw., Mädchen sollen stiller sein, sich bescheiden geben usw. In der Zeit der Adoleszenz ist es auch in muslimischen Ländern durchaus üblich, dass Jugendliche über die Stränge schlagen. Dieses Fehlverhalten zieht kaum größere Konsequenzen mit sich, wenn daraufhin der ›falsche‹ Weg verlassen wird und die Traditionen, Werte und insbesondere die bedingungslose Loyalität wieder ernst genommen werden.

Vater und Mutter

Die *Mutter* hat die Funktion der Erzieherin und leitet den Haushalt. Sie ist dafür verantwortlich, dass die Familie nicht auseinanderbricht und dass sowohl die Kinder als auch der Ehemann versorgt werden. Außerdem ist sie dafür zuständig, die sozialen Kontakte der Familie, auch jene zu der Verwandtschaft im Herkunftsland, aufrechtzuerhalten. Das soziale Netzwerk bezieht sich dabei überwiegend auf die Verwandtschaft und die Nachbarschaft. Selten werden Freundschaften über größere Entfernung gepflegt. Die Logik der Familie drückt sich hier auch deutlich aus: Es geht um engen und auch sichtbaren Zusammenhalt und Zusammengehörigkeit. Die Mutter drückt dabei die zentralen Merkmale von Weiblichkeit aus, die in diesem traditionellen Kontext mit Fürsorge, Pflege und Wohlbefinden knapp umschrieben sind. Sie ist für die Erziehung verantwortlich, d. h., ihr werden Vorwürfe gemacht, wenn das Verhalten der Kinder nicht den Erwartungen entspricht. Und dies gilt trotz der Tatsache, dass sie bei der Erziehung der Jungen nur teilweise die Hauptverantwortung trägt. Älteste Töchter übernehmen schon früh weite Teile der Mutterrolle für die jüngeren Geschwister.

In konservativ-traditionellen Kreisen ist es undenkbar, dass eine Frau eine Scheidung anstrebt, weil sie dadurch nicht nur den Mann im Stich ließe, sondern auch die Kinder. Die Erhaltung der Ehe ist das oberste Gebot, etwaige Motive für eine Scheidung sind nachrangig. Gewaltanwendung, Missbrauch oder Ehebruch würden zwar grundsätzlich als Gründe für eine Scheidung akzeptiert. Aber diese werden von den Frauen selbst aus Schamgefühl nur selten angeführt.

Der *Vater* ist das Familienoberhaupt. Seine Funktion ist die des Präsidenten, der die Regierung nach außen darstellt und das letzte Wort nach innen beansprucht. Er symbolisiert den traditionellen Ausdruck von Männlichkeit: Er ist der Familienernährer und beschützt die Familie vor äußeren Einflüssen. Er zeigt unentwegt Stärke und Dominanz. Dieses Erscheinungsbild muss er auch dann aufrechterhalten, wenn er ratlos ist, also nicht weiß, wie auf eine unbekannte Situation zu reagieren ist. Er muss eine schnelle Entscheidung treffen, die er mit Überzeugung vertritt und die von niemandem in Frage gestellt wird. Der Vater macht sich in der Erziehung rar, so dass sein Eingriff in Erziehungsfragen von einer erhöhten Priorität zeugt. Bei den Kindern leuchten dann alle Alarmsignale. Erst ab dem dritten Lebensjahr übernimmt er Aufgaben der Erziehung von Jungen. Und diese übernehmen im Jugendalter Aufgaben des Vaters, allerdings nur dort, wo die Kontroll- und Schutzfunktion des Vaters gegenüber der Familie und den weiblichen Familienmitgliedern nicht wirken kann (beispielsweise in Schule und Peergroup).

> Insgesamt steht die Kollektivität im Vordergrund. Das Familienbild ist durch Autorität und Respekt gekennzeichnet. Die traditionellen Werte sind die zentrale Währung des familiären Lebens.

Das wird auch in der Betrachtung der geschlechtsspezifischen Erziehung und der darin sichtbaren Arbeitsteilung zwischen Vater und Mutter deutlich.

2.3 Geschlechtsspezifische Erziehung

In konservativen Familien beginnt die Sozialisation in die Geschlechterrollen bereits vor der Geburt eines Kindes. Für die Geschlechter gelten jeweils unterschiedliche Werte und Erwartungen. Ulima[1] beschreibt diese Vorphase:

> »Wir haben ja sechs Jahre auf unser erstes Kind gewartet. Der Arzt konnte nicht genau sagen, aber er meinte, es wird ein Junge. Wir haben uns sehr gefreut. […] Mein Mann hat sich mehr gefreut. Er wollte unbedingt einen Sohn haben. Wir haben dann für ihn alles gekauft: Autos, Bagger, Hosen und so weiter. Dann hat mein Mann gesagt, er wird unsere Familie und den Familiennamen weiterführen. Es war alles geplant.«

Das Kind wird in einen Kontext vorgeformter Werte und geschlechtsspezifischer Erwartungen hineingeboren. Es unterliegt schon bald einem teils unterschwelligen, teils offensichtlichen Druck, sich in seine durch die Gesellschaft und die Eltern definierte geschlechtsspezifische Rolle zu fügen. Die Eltern konservativ-autoritärer Familien gewähren ihren Söhnen mehr Freiheit und erlauben ihnen mehr Aggressivität, während sie von den Töchtern Abhängigkeit und Ergebenheit erwarten. Für beide Geschlechter gilt, dass sie nicht zur Unabhängigkeit ermutigt werden. Die Praxis der geschlechtsspezifischen Erziehung wird im Folgenden weiter anhand des Beispiels von Khalid und Donia beschrieben.

Khalid und seine Erziehung

Da sich Khalid zunächst (von der Geburt bis zum Grundschulalter) in der häuslichen Umgebung aufhält, sind seine wichtigsten Bezugspersonen die Mutter und die Großmutter. Bereits mit dem fünften bzw. sechsten Lebensjahr ist sein Verhältnis zur Mutter bzw. zur Großmutter zwiespältig: »Bei Kahild war es schon schwer. Wir haben sechs Jahre gewartet, dann war es auch ein Junge. Am

---

[1] Alle Interviewauszüge wurden entnommen aus Toprak, Ahmet (2012): Unsere Ehre ist uns heilig. Muslimische Familien in Deutschland. Herder.

Anfang hatte ich ihn viel bei mir. Oder die Oma hatte ihn. Aber irgendwann muss man den Jungen auch loslassen. Es ist nicht immer einfach. Loslassen und man möchte ihn wieder umarmen. Das ist ganz schön schwer. Du darfst den Jungen auch nicht zwingen. Wenn er das macht, ist es gut. Wenn nicht, dann ist das bei Jungen nicht so schlimm. Das kann er später lernen« (Ulima). Die Beziehung ist einerseits noch von körperlicher Zärtlichkeit geprägt, andererseits wird von beiden Seiten diese Körperlichkeit abgelehnt. Kleinere Aufforderungen, wenn er z. B. die Mutter zum Einkaufen begleiten soll, appellieren an seinen freien Willen. Er soll ihnen zwar nachkommen, aber außer einem Tadel geschieht ihm nichts, wenn er sich verweigert. Alles in allem zeigen sich bei Khalid schließlich eine Verunsicherung hinsichtlich der Autorität seiner weiblichen Bezugspersonen und auf der Handlungsebene immer wieder Provokationen diesen gegenüber.

Auch wenn die Mutter und die Großmutter noch die Hauptbezugspersonen des Jungen sind, wird die Zuordnung zum Vater forciert: »Irgendwann muss der Junge ja lernen, was es ist, ein Mann zu sein. Deshalb muss er mit dem Vater rausgehen. Er muss schauen, was draußen los ist. Er muss alles kennen. Bei uns in Syrien geht das besser, weil jeder jeden kennt. Aber in Deutschland geht das nicht so gut. Aber trotzdem finde ich das gut. Der Junge muss ja alles kennen. Auch andere Stadtteile und so weiter« (Fadi). Hier beginnt der Vater, Khalid die Welt ›draußen‹ zu zeigen. Auch wenn der Vater die Umsetzungsschwierigkeiten dieses Ziels – ›alles kennenzulernen‹ – in der Migration anspricht, soll Khalid das Verhalten erfahren, das später für die Beziehung der Männer untereinander charakteristisch ist. Khalid lernt über die Orientierung am männlichen Geschlecht nicht nur das enge familiale Umfeld, sondern auch die Außenwelt kennen. Außerhalb des Hauses sucht er sich zudem ›gleichwertige‹ Freunde.

Im Grundschulalter verfestigt sich Khalids geschlechtsspezifische Erziehung und weitere Differenzierungen der Rollenmuster werden erlernt. »Also, ich meine, irgendwann muss sich der Junge endlich von Frauen lösen. Er muss sich Sachen bei seinem Vater und anderen Männern angucken. Irgendwann ist ein Junge mit zwölf oder dreizehn in Frauengruppe nicht mehr akzeptiert. [...] Natürlich bin ich für meinen Sohn da. Aber draußen ist mein Mann für ihn zuständig, drinnen aber ich. Ich koche, mache Wäsche und schaue, ob er sauber ist« (Ulima). Die Orientierung des Jungen am männlichen Geschlecht wird von Ulima forciert, die Hauptkontaktperson des Jungen wird der Vater. Indem er seinen Vater begleitet, erlernt der Junge jene Verhaltensweisen, die außerhalb des Hauses als relevant erachtet werden. Die Rolle der Mutter konzentriert sich auf das körperliche Wohlbefinden sowie auf den Bereich der Hygiene; die Beziehung ist somit weiterhin auf Fürsorge und Bedürfniserfüllung beschränkt. Die Mutter tritt nur im Haus als Erziehungsperson in Erscheinung. Im Gegensatz zur Autorität des Vaters ist die der Mutter angreifbar, da sie nach diesem Konzept kein männliches Geschlechtsbild vermitteln kann.

Donia und ihre Erziehung

In der Vorschulphase hält sich Donia genau wie ihr Bruder in der unmittelbaren Nähe der Mutter und der Großmutter auf, die aber auch danach die Hauptbezugspersonen des Mädchens bleiben. Der Aufenthaltsort von Donia ändert sich nicht, der räumliche Bezug bleiben das Haus und die nähere Umgebung. »Bei Mädchen muss man besser aufpassen. Sie muss immer zu Hause bleiben. Also, ich meine, das Mädchen soll nur rausgehen, wenn das nicht anders geht. Kleine Mädchen dürfen sowieso nicht alleine rausgehen. Wenn ich oder meine Mutter andere Familien besuchen, ja, dann nehmen wir sie mit. Dann kann sie wissen, wer die Leute oder Verwandte sind« (Ulima). Donia kommt nur sehr eingeschränkt mit der Außenwelt in Kontakt: Sie begleitet die Mutter zu Besuchen bei Verwandten oder Nachbar*innen. Im Gegensatz zu Khalid werden Donias Kontakte über die Mutter vermittelt und berühren in erster Linie die Nachbarschaft, Bekannte und die Verwandtschaft. Während die Mutter Khalid bei der Neuorientierung am männlichen Geschlecht ohne Strenge positiv unterstützt, wird die Festigung der weiblichen Geschlechterrolle bei Donia mit mütterlicher Strenge überwacht und begleitet: »Die Frauen, also die Mutter, Schwester oder Großmutter, müssen ja dem Mädchen beibringen, wie sie sich draußen oder wenn andere Menschen da sind, benehmen. Wenn das nicht klappt oder wenn das Mädchen frech ist [...] oder sie macht Sachen, was ein Mädchen nicht macht, machen darf, dann ist ein Problem. Ja, und dann sagt man, die Mutter hat das nicht gut gemacht. Die Mutter ist deshalb immer streng zur Tochter. Also, ich bin immer streng zu meinen Töchtern. Wenn sie nicht anständig sind, dann bin ich auch nicht anständig. Deshalb kriegen die Mädchen auch eine Strafe von mir« (Ulima). Hier bleibt die Autorität der Mutter unangreifbar und Ungehorsam wird bestraft. In dieser Phase wird die Tochter gelegentlich zu kleinen Arbeiten im Haushalt herangezogen, z. B. zum Aufräumen. Auch soll sie lernen, sich in Anwesenheit anderer ruhig zu verhalten und nicht zu sprechen, außer es wird etwas gefragt. Zudem wird jedem Mädchen prinzipiell die Aufgabe der Fürsorge für jüngere Geschwister übertragen; diese Verantwortung wird den Jungen in der Regel nicht gegeben.

In den Interviews wird deutlich, dass sich bei Konflikten zwischen Ulima und Donia der Vater einschaltet, indem er sie durch ein Machtwort beendet. In vielen Fällen droht Ulima ihrer Tochter mit dem Vater, führt aber die Disziplinierungsmaßnahmen selbst durch. In dieser Phase der geschlechtsspezifischen Erziehung weitet sich die Erziehung der Mutter und der Großmutter auf alle Bereiche aus. Donia wird gelehrt, dass sie Verhaltensmuster, z. B. Ring- oder Boxkampf, die für Jungen relevant sind, nicht braucht. Während die Ehre bei Khalid kämpferische Eigenschaften verlangt, so erfordert sie bei Donia Schamhaftigkeit und Körperbeherrschung. Da der Vater sich aus der geschlechtsspezifischen Rollenzuweisung von Donia weitgehend heraushält, ist die Vater-Tochter-Beziehung freundlich. Selbst bei problematischem Verhalten Donias nimmt der Vater der Mutter gegenüber eine kritische Position ein. Erst wenn die Mutter mit einer Situation nicht fertig wird, interveniert der Vater.

Zur dargestellten geschlechtsspezifischen Erziehung muss Folgendes hervorgehoben werden: Die Lebensgewohnheiten, Traditionen und Denkmuster ländlich-provinzieller Herkunftsorte geraten in der Migration immer wieder auch in Konflikt mit den in Deutschland erlebten Orientierungsmustern und Normen. Dies wiederum führt oftmals dazu, dass umso stärker an jenen Werten und Traditionen festgehalten wird, die als weniger fremd bzw. als ›eigene‹ erlebt bzw. gedeutet werden und gleichsam realisierbar erscheinen. Beispielsweise kann die Erziehung in die Geschlechterrollen in der traditionellen Form in der deutschen Gesellschaft nicht eins zu eins umgesetzt werden. So modifizieren die Jugendlichen oftmals diese traditionellen Formen und entwickeln gewissermaßen ›neue‹, aber aus den alten abgeleitete Denkmuster und Orientierungen. Diese veränderten Denkmuster entsprechen den Vorstellungen der Eltern nur noch sehr bedingt.

> **Geschlechtsspezifische Zielvorstellungen**
>
> Die Hauptziele der Erziehung in die Geschlechterrollen sind folgendermaßen zusammenzufassen: Die Jungen werden zum späteren Familienoberhaupt und Ernährer der Familie und das Mädchen zur späteren Hausfrau und Mutter erzogen. Im Gegensatz zum deutschen Erziehungsideal, in dem Mädchen dazu ertüchtigt werden sollen, sich selbst versorgen zu können und im Notfall sich auch selbst schützen zu können, deuten türkische Erziehungsziele sehr viel markanter auf eine geschlechtsspezifische »Arbeitsteilung«. Das hat dann auch Folgen für die Problemstellungen in Beratungssituationen von jungen Frauen und jungen Männern (El-Mafaalani/Toprak 2017).

Die an Lebensgewohnheiten und Traditionen der ländlich-provinziellen Gebiete des Orients angelehnten Denkmuster können zum größten Teil nicht beibehalten werden, was häufig dazu führt, dass umso stärker an jenen mitgebrachten Werten festgehalten wird, die realisierbar erscheinen. Diese Erziehung in die Geschlechterrollen gleicht also eher einer Wunschvorstellung des traditionellen Migrant*innenmilieus in Deutschland, als dass sie in dieser Form in der deutschen Gesellschaft umgesetzt werden könnten.

2.4 Sexuelle Erziehung

Bei der Sexualmoral ist der Großteil der muslimischen Eltern relativ konservativ eingestellt. Der Begriff der sexuellen Aufklärung wird auf den Geschlechtsverkehr reduziert, die körperliche und sexuelle Entwicklung eines Menschen oder Geschlechtskrankheiten werden weniger beachtet (vgl. dazu ausführlich Bundeszentrale für gesundheitliche Aufklärung 2010). Die Eltern sind der Ansicht, dass die Aufklärung über eine gute Freundin bzw. einen guten Freund oder die große Schwester bzw. den großen Bruder laufen soll. Die Art der sexuellen Aufklärung, bei der nur das gesagt wird, was sich nicht vermeiden lässt, ist in Milieus mit strenger Sexualmoral üblich. Die Aufgabe wird aufgrund von Scham und Respekt an ältere Geschwister oder Freund*innen delegiert. Die Aufklärung ist eine reine Informationsweitergabe, wobei mögliche Fragen der Kinder beantwortet werden sollen. Bei den Jungen wird die sexuelle Aufklärung auf den Geschlechtsakt in der Hochzeitsnacht reduziert. Da es bei den Jungen keine Menstruation gibt, wird auf eine frühe Thematisierung verzichtet. Die Eltern gehen davon aus, dass die Kinder sich im digitalen Zeitalter über das Internet oder die Medien informieren, was begrüßt wird. Dadurch müssen die Eltern tabuisierte und schambesetzte Themen nicht ansprechen.

In Bezug auf voreheliche Sexualität sind die Eltern streng konservativ, was das weibliche Geschlecht betrifft. Bei den Jungen sind sie nicht einheitlich gegen voreheliche sexuelle Erfahrungen. Als Grund für die strenge Auslegung wird immer wieder das Ansehen des Mädchens in Verbindung mit weiblicher Ehre angeführt. Voreheliche sexuelle Erfahrungen werden bei den Mädchen vehement abgelehnt, weil das Ehrkonzept von ihnen erwartet, dass sie als Jungfrau in die Ehe eingehen. Dies muss in bestimmten Milieus sogar anhand der Bettlaken nachgewiesen werden. Da bei den Jungen so ein Ritual nicht existiert und sexuelle Erfahrungen biologisch schwer nachweisbar wären, werden diese bei ihnen geduldet. Die konservativen Milieus haben diese Einstellung internalisiert, sie wollen, dass die Töchter sich entsprechend verhalten, und befürworten eine soziale Kontrolle durch die Familie und das soziale Umfeld. Konservative und religiöse Eltern sind der Meinung, dass beide Geschlechter vor der Eheschließung zurückhaltend sein sollten. Die Mädchen werden in dieser Frage benachteiligt, oder umgekehrt formuliert: Den Jungen werden aufgrund des strengen Ehrkonzepts mehr Freiheiten eingeräumt. Bei konservativen Mädchen und jungen Frauen ist Sexualität ein tabuisiertes Thema, das nur mit sehr engen Freundinnen, denen sie uneingeschränkt vertrauen, besprochen werden kann. Denn Sexualität ist eine intime Angelegenheit zwischen zwei Personen, ist mit Scham und Respekt konnotiert und kann deshalb nicht in Anwesenheit von Autoritätspersonen (Eltern etc.) öffentlich thematisiert werden (Çağlıyan 2006, S. 55). Die innerfamiliäre Erziehung trägt dazu bei, dass konservative Mädchen und Frauen nicht lernen, angemessen über dieses Thema zu reden.

Nach Auswertung der einschlägigen Literatur (Çağlıyan 2006) kristallisieren sich vier zentrale Gründe heraus, warum Eltern das Thema Sexualität vermeiden und dies an ihre Kinder weitergeben.

Elterliche Unsicherheit

In konservativen Familien wird traditionell nicht über Sexualität geredet. Die Eltern geben im Grunde diese Tradition an ihre Kinder weiter, weil sie selbst nicht gelernt haben, angemessen darüber zu reden. Diese elterliche Unsicherheit zeigt sich auch daran, dass die Sexualerziehung auf den Geschlechtsverkehr zwischen Mann und Frau reduziert wird. Vor allem im schulischen Biologieunterricht erfahren die Kinder, dass Sexualerziehung nicht darin besteht zu vermitteln, wie Mädchen bzw. Jungen sich beim Geschlechtsakt zu verhalten haben, was in konservativen Milieus immer wieder fälschlicherweise angenommen wird. Die Unsicherheit der Eltern, vor allem die der Mütter, wird auch offenkundig, wenn bei den Töchtern die Menstruation beginnt. Nicht alle Mädchen in konservativen Familien werden darauf vorbereitet, erst beim Einsetzen der Menstruation gibt es eine kurze Aussprache zwischen Mutter und Tochter.

Schamgefühl/Respekt vor Autoritäten

Die elterliche Unsicherheit zeigt, dass Scham eine zentrale Rolle im Kontext von Sexualität und sexueller Aufklärung spielt. Die Eltern haben selbst nicht gelernt, in geeigneter und angemessener Art und Weise darüber zu sprechen. Wenn Sexualität ein Thema ist, dann ist es peinlich, weil diese in der Alltagssprache der Familie nicht bzw. selten vorkommt.

Sprechen über Sexualität: Zeynep und Arzu

»Wissen Sie, diese Themen bespricht man halt mit den Eltern nicht. Vielleicht mit der Mutter eher, wenn man mit der Mutter alleine ist. Aber wenn beide Eltern dabei sind, geht das gar nicht. Dafür schäme ich mich zu sehr. Diese Themen mit den Eltern besprechen, finde ich, ehrlich gesagt, sehr peinlich« (Zeynep)[2]. Der Kontext des Interviews zeigt, dass Zeynep sich schwertut, über das Thema zu reden. Sie nimmt während des Interviews die Begriffe »Sexualität« oder »sexuelle Erziehung« nicht explizit in den Mund, sondern subsumiert sie unter »diese Themen«, obwohl der Interviewpartner sie offen anspricht. Dies ist zwar auch bei Arzu zu beobachten, sie stellt aber Scham in einen direkten Zusammenhang mit Respekt, was bei den anderen Interviewpartnerinnen nur implizit der Fall ist: »Darüber rede ich nicht mit meinen Eltern, mit meiner Mutter eher: Also, vielleicht rede ich mit ihr über meine Monatsblutungen, das war's dann aber auch. Solche Dinge mit Eltern oder andere Erwachsene, die einem nahestehen, besprechen, finde ich etwas respektlos. Das ist ein Thema, was man mit Freundinnen oder Schwestern bespricht, die einem nahestehen. Wie soll ich bitte über meine Bauchschmerzen, die durch die Regel kommen, mit meinem Vater reden und später ihn respektieren. Respekt bedeutet ja bei uns auch Distanz. Das geht dann eben nicht mehr« (Arzu).

Wie Arzu explizit beschreibt, wird es als respektlos empfunden, wenn intime Anliegen in Anwesenheit von Autoritätspersonen thematisiert werden. Wie bereits oben betont hat die Erziehung zu Respekt, Gehorsam, Höflichkeit, Ordnung und gutem Benehmen für die in Deutschland lebenden konservativen Familien immer noch einen hohen Stellenwert. Thematisieren die Kinder in Anwesenheit der Eltern als intim geltende Bereiche, z. B. Sexualität, untergraben sie die Autorität des Vaters bzw. der Mutter. Sexualität wird zudem auf den Geschlechtsverkehr und auf die Genitalien reduziert (Çağlıyan 2006, S. 55).

---

2 Alle Interviewauszüge aus diesem Kapitel sind entnommen aus Toprak, Ahmet (2014): Türkeistämmige Mädchen in Deutschland. Erziehung, Geschlechterrollen Sexualität. Lambertus.

Angst, das Interesse der Kinder zu wecken

Ein weiterer Grund für die Tabuisierung der Sexualität innerhalb der Familie ist, dass die Eltern befürchten, die Neugierde ihrer Kinder, vor allem die der Töchter, zu wecken. Dem widersprechen Erkenntnisse aus der Pädagogik und Psychologie, denen zufolge Reglementierungen oder Verbote erst recht das Interesse der Kinder oder Heranwachsenden wecken. Vor allem wird die Rolle der Medien und Peers von den Eltern unterschätzt, wenn sie glauben, dass ihre Töchter durch Tabuisierung oder Reglementierung unwissend bleiben und sich somit für Sexualität nicht interessieren (vgl. Çağlıyan 2006, S. 57 und Toprak 2014). Toprak (2014) macht aber deutlich, dass die Mädchen und Jungen sich aufgrund des veränderten medialen Zugangs früh und umfassend informieren, was bei der ersten und zweiten Generation in dieser Form nicht möglich war. Aber die Kinder verheimlichen in der Regel dieses Wissen, um ihre Eltern nicht zu verunsichern. Studien weisen außerdem darauf hin, dass das Wissen über Sexualität nicht mit einem sexuellen Verlangen korrelieren muss (vgl. Müller 2006; Çağlıyan 2006; Toprak 2014). Diese Überlegung aber ist einer der zentralen Punkte, warum die Eltern das Thema Sexualität in der Familie tabuisieren. Es sind jedoch gerade Mädchen, die sich intensiv mit der Sexualität, ihrem Körper und sexueller Aufklärung auseinandersetzen, die reflektiert, vorsichtig und zurückhaltend mit sexueller Aktivität umgehen:

> »Ich habe mich ja sehr für dieses Thema interessiert. Schon in der Schule fand ich spannend, wie der Körper sich verändert und worauf es ankommt. Auch diese Geschlechterkrankheiten haben mich immer interessiert. Ich muss zugeben, nachdem ich mich mehr informiert habe, habe ich eine Zeit lang eher das Interesse an ›das erste Mal‹, wie das sein könnte, verloren. Und vielen Freundinnen von mir ging es, ehrlich gesagt, so« (Fulya).

2.5 Identitätskrisen

Die Ungewissheiten und stetigen Veränderungen des Lebens in der Moderne bergen die Gefahr der Zerstörung »vergangener Lebensweisen, Werte und Identitäten bei gleichzeitiger Hervorbringung neuer Formen« (Kellner 1994, S. 216), wie Kellner formuliert. Junge Menschen haben die Wahl zwischen mehreren und sich unterscheidenden Lebensentwürfen, die sie miteinander kombinieren, um daraus ein für sich neues Lebensmodell entwickeln zu können. Dadurch werden sie zu Baumeister*innen des eigenen Selbst (vgl. Eickelpasch/Rademacher 2004, S. 7). Das eigene Selbst bzw. das Ich kann sich in seiner Gesamtheit aber nur innerhalb und in Wechselwirkung mit der sozialen Gemeinschaft voll entwickeln. Denn die Selbsterfahrung, die das Individuum macht, benötigt eine Resonanz und eine Spiegelung des Selbst. Cooley spricht von einem »looking-glas self« (das Spiegel-Selbst), wonach

Identität sich durch die soziale Spiegelung konstituiere (vgl. Cooley 1902). Der Prozess der Konstitution erfolge dabei in drei Stufen:

- In Stufe 1 stellt sich das Individuum vor, wie es von einem anderen Individuum wahrgenommen wird (vermutete Fremdwahrnehmung des Selbst).
- In Stufe 2 wird die Beurteilung dieser Wahrnehmung imaginiert (Außenbewertung des Selbst) und
- in Stufe 3 erfolgt darauf eine emotionale Reaktion, die in ein *stolzes* oder *schamhaftes* Gefühl münden kann (Entstehung eines Selbstgefühls) (vgl. Nungesser 2013, S. 72 f.).

Cooley macht damit deutlich, in welch reziprokem Verhältnis die Selbst- und Fremdwahrnehmung stehen und welchen Einfluss sie aufeinander haben. So haben Personen, deren Selbstbild und Zugehörigkeit in der Selbst- und Fremdwahrnehmung klar definiert sind, bessere Voraussetzungen für eine erfolgreiche Bewältigung von Entwicklungsaufgaben und gesellschaftlichen Erwartungen als Personen, bei denen sich eine Unbeständigkeit oder Diskrepanz zwischen der Innenperspektive und Außenwahrnehmung zeigt (vgl. Haußer 2002, S. 218; Schimank 2002, S. 22; Hurrelmann 2012, S. 74). Hierbei spielen insbesondere die gesellschaftlichen Bedingungen und Perspektiven eine bedeutende Rolle. Denn das Fehlen der mehrheitsgesellschaftlichen Akzeptanz und Anerkennung kann die Diskontinuität und Inkonsistenz der Ich-Identität weiter zuspitzen (vgl. Haußer 2002, S. 218; Schimank 2002, S. 22; Foroutan/Schäfer 2009, S. 13). Dabei sei laut Schimank »die partiell funktionale Abschottung der Ich-Identität gegen nichtbestätigende soziale Reaktionen [der Beweis], wie sehr die Stabilisierung der Ich-Identität grundsätzlich auf soziale Bestätigungen angewiesen ist« (Schimank 2002, S. 22). Das Ausbleiben der sozialen Bestätigung ist dabei zumeist »mit gesellschaftlichen Diskursen verbunden, in denen Jugendliche, die als ›Ausländer‹ oder ›mit Migrationshintergrund‹ gelten, als (potenziell) problematisch von einer vermeintlichen ›deutschen Normalität‹ Abweichende konstruiert werden«, so Scharathow (2017, S. 113). Die Stereotypisierungen und Ressentiments treffen diese jungen Menschen, weil sie den Normen und Wertvorstellungen der tradierten Mehrheitsstrukturen nicht entsprächen und damit für den Verlust und Wandel der kulturellen Bezüge und Identitätsmuster der Mehrheitsgesellschaft verantwortlich gemacht werden (vgl. Reuter 2002, S. 26; Beck-Gernsheim 2007, S. 23).

Dabei wird übersehen, dass insbesondere Menschen mit einer direkten oder indirekten Migrationserfahrung am stärksten vom kulturellen Wandel, der immer mit einem *tiefgreifenden biographischen Einschnitt* verbunden ist, betroffen sind (vgl. Beck-Gernsheim 2007, S. 23). Es sind die sozialen, kulturellen, persönlichen und emotionalen Bezüge, Erfahrungen und Erlebnisse, gemeinsamen Erinnerungen in Form eines *kollektiven Gedächtnisses* (vgl. Halbwachs 1985), also alles das, was eine Person im Inneren sowie Äußeren ausmachen, die mit der Migration zurückgelassen und aus ihrem Kontext gelöst, in ein neues Umfeld getragen werden. In diesem neuen Umfeld treffen die unterschiedlichen Wertestrukturen und gesellschaftlichen Normen aufeinander und beginnen miteinander zu interagieren, womit laut Foroutan eine *Hybridisierung* einsetzt (vgl. Foroutan 2013, S. 91).

Hybridisierung

Mit Hybridisierung ist Bhabha zufolge ein Prozess gemeint, der sich nicht um *multiple Identitäten* drehe, sondern vor allem darum, »wie die Teile miteinander und mit äußeren Kräften der Gemeinschaftsbildung in Verhandlung treten, wie diese Interaktionen stattfinden« (Bhabha 2016, S. 66). Bhabha beschränkt damit die Hybridität nicht allein auf die unterschiedlichen kulturellen oder identitären Zugehörigkeiten, sondern schaut, in welchen Zusammenhängen und in welcher Form sich das *hybride Subjekt* konstituiert (vgl. Bhabha 2016, S. 65 f.).

Es geht also um die Frage, wie das Individuum »diese neuen, sich überlappenden und/oder verschmelzenden sozialen und identitären Realitäten« (Foroutan 2013, S. 86) miteinander verbindet. Hybridität ist damit Foroutan zufolge »ein geeignetes Konstrukt […], um Identitätsbildungsprozesse von in Deutschland und in anderen westlichen Einwanderungsgesellschaften lebenden Menschen zu verstehen, die über verschiedene, gleichzeitige (identitäre) Referenzsysteme verfügen« (Foroutan 2013, S. 89).

Die Hybridisierung betrifft dabei nicht nur Personen mit einer direkten Migrationserfahrung, sondern auch und vor allem die in der Migrationsgesellschaft geborenen Jugendlichen, die in die (groß-)elterlichen herkunftskulturellen Lebenswelt-, Werte- und Identitätsmodelle sozialisiert werden (vgl. Uslucan 2017a; Toprak 2019). Sie gehören als »Träger hybrider Identitäten mindestens zwei kulturellen Räumen gleichermaßen« (Foroutan/Schäfer 2009, S. 11 f.) an. Foroutan und Schäfer schreiben hierzu:

> »Träger hybrider Identitäten sind deutsche Staatsbürger, haben aber häufig Namen, Gesichter, Haut- und Haarfarben, die sie für Andere ›erkennbar‹ machen; in den meisten Fällen haben sie auch zusätzlich andere Erfahrungswelten. Auch wenn sie diese keineswegs als unvereinbar mit ihrer deutschen Lebenswelt begreifen, so wird ihnen dadurch doch bewusst, dass sie ›anders‹ als die Angehörigen der Mehrheitsgesellschaft sind« (ebd., S. 12).

Dieses Bewusstsein ist eng verbundenen mit gesellschaftlichen Akzeptanz- und Anerkennungsmomenten und damit zusammenhängenden Selbstbildern von *fremdmarkierten* jungen Menschen, deren hybride Identitäten auf der einen Seite eine wichtige persönliche und soziale Ressource darstellen. Andererseits findet durch eben diese Fremdmarkierung und den damit einhergehenden Zuschreibungen »immer wieder eine Reduktion auf identitäre Herkunft oder Ursprung statt, selbst wenn dies schon Generationen zurückliegt«, so Foroutan (2013, S. 92). Die damit verbundene Diskrepanz zwischen den personalen und sozialen Identitätskomponenten sowie Selbstbildern auf der einen und den mehrheitsgesellschaftlichen Erwartungen und Zuschreibungen auf der anderen Seite kann laut Hurrelmann ein Ausgangspunkt für *Störungen der Identitätsbildung* (vgl. Hurrelmann 2012, S. 74) sein. Denn die reziproken sozialen Zusammenhänge und Verhältnisse spielen, wie oben bereits beschrieben, bei der Entwicklung einer stabilen Persönlichkeit eine bedeutende Rolle (vgl. Cooley 1902; Mead 1973; Erikson 1973; Hall 1994). Hinzu kommen die gesellschaftlichen Entwicklungen und sich dadurch verändernde soziale Erwartungshaltungen, die das Individuum zusätzlich vor die Herausforderung stellen, sich stets neu zu organisieren und anzupassen. Die Pluralisierung und Diversifizierung der Lebensentwürfe und gesellschaftlichen Wertestrukturen, können folglich die Angst verstärken, »in der Vielzahl der Optionen und Anforderungen keinen Ort mehr zu haben, wo das Ich wirklich zu Hause ist«, so Abels (2017, S. 413). Die Fragen *Wer bin ich?* und *Wo gehöre ich hin?* können viele junge Menschen vor diesem Hintergrund nicht mehr eindeutig beantworten.

> Während ihre hybriden Identitäten eine bedeutende Ressource im Kontext sozialer Zugehörigkeiten darstellen, können mehrheitsgesellschaftliche Fremdmarkierungen und Ausschlussmechanismen zu einem Identifikationsdilemma (vgl. Foroutan/Schäfer 2009, S. 13) oder sogar zu einer identitären *Entwurzelung* führen (vgl. Benslama 2017, S. 35 ff.). Im Rahmen dieses Spannungsverhältnisses können die Ausprägungen der identitären Krise durch unterschiedliche Entwicklungen wie Arbeitslosigkeit, Verlust wichtiger Lebensgrundlagen und Armut (vgl. Beck 2020) die permanenten und vielfältigen Herausforderungen einer ungewissen oder *flüchtigen Moderne* (vgl. Baumann 2003) sowie Erfahrungen mit sozialer Exklusion, Stigmatisierung und Diskreditierung (vgl. Goffman 2018) befeuern. In jedem Fall geht die Krise der Identität mit einer *dauerhaften Sorge um die eigene Identität* einher, die sich darin äußert, dass Individuen, die nicht wissen, wer sie sind und wohin sie gehören, sich in einem, wie Erikson formuliert, beklagenswerten Zustand befinden (vgl. Erikson 1975, S. 140).

Personen, deren Selbstbild und Zugehörigkeit in der Selbst- und Fremdwahrnehmung dagegen klar definiert sind, haben bessere Voraussetzungen für eine erfolgreiche Bewältigung von Entwicklungsaufgaben und gesellschaftlichen Erwartungen. Genau vor diesem Hintergrund und um dem Verlust der orientierungs- und sinnstiftenden traditionellen Lebensentwürfe, Wertestrukturen und Identitätskonstrukte entgegenzuwirken, ist die Rückbesinnung auf Altbewährtes sowie das Festhalten an Traditionen und festen sozialen Rollenbildern eine mögliche Strategie der Bewältigung oder Vermeidung von Identitätskrisen (vgl. Beck-Gernsheim 2007, S. 23 ff.). Die Dimensionen solch einer Entwicklung können dabei über die Einstellungen einzelner Individuen hinaus bis hin zu gruppendynamischen, gemeinschaftlichen oder gesamtgesellschaftlichen Mobilisierungen reichen. Denn mit der wachsenden Bedeutung des Religiösen, »wird die Religionsgemeinschaft auch zum symbolischen Ort, um die eigene kulturelle Besonderheit zu betonen, sich als Gruppe zu sammeln und Kraft zu gewinnen« (Beck-Gernsheim 2007, S. 33). Ferner tragen ein enges Gemeinschaftsleben sowie ein großes soziales Netzwerk an Gleichgesinnten dazu bei, dass junge Menschen das Gefühl der Geborgenheit, Gleichheit, Anerkennung und Akzeptanz vermittelt bekommen (vgl. Ceylan/Kiefer 2013, S. 75 f.). Ein solch gemeinschaftlicher Zusammenhalt führt fast unweigerlich zur Entstehung einer starken Kollektividentität, vor allem dann, wenn kollektive Erfahrungen von Diskriminierung und kollektives Unrechtsempfinden geteilt und internalisiert werden. Dies zeigt sich insbesondere an den Folgen zunehmender kritischer bis feindlicher Einstellungen sowie Ressentiments gegenüber Muslim*innen und dem Islam im Allgemeinen, wie verschiedene Studien zeigen.

2.6 Islamfeindlichkeit

Die Bielefelder Langzeitstudie *Gruppenbezogene Menschenfeindlichkeit* untersuchte in einem Zeitraum von zehn Jahren (2002–2012) die gesellschaftlichen Zustände im Hinblick auf ihre *humane Qualität*. Gemessen könne diese laut Heitmeyer vor allem daran, wie die Gesellschaft mit *schwachen Gruppen* umgeht (vgl. Heitmeyer 2005, S. 5). Das zentrale Problem der Gesellschaft sieht Heitmeyer dabei in der Verstärkung der Ungleichwertigkeit von Gruppen und ihren Mitgliedern sowie der »Auflösung von Grenzen zur Sicherung ihrer physischen und psychischen Integrität, die ihnen ein Leben in Anerkennung und möglichst frei von Angst ermöglichen« (Heitmeyer 2005, S. 5).

> **Gruppenbezogene Menschenfeindlichkeit**
>
> Die vorhandenen Ressentiments und Stereotype in der Gesellschaft gegenüber Minderheitengruppen können sich sehr unterschiedlich äußern und in sehr unterschiedlichen Facetten zeigen. Sie sind jedoch sämtlich Elemente eines Syndroms der Gruppenbezogene Menschenfeindlichkeit. Denn sie zielen alle darauf ab, Personen aufgrund ihrer gewählten oder zugewiesenen Gruppenzugehörigkeit als ungleichwertig zu markieren und sie feindseligen Mentalitäten der Abwertung und Ausgrenzung auszusetzen. Dabei spielt es weniger eine Rolle, ob die Personen Gruppen fremder oder gleicher Herkunft angehören. Sobald ihre Verhaltensweisen und Lebensentwürfe von der gesellschaftlichen *Normalität* abweichen, sind sie mit Syndromelementen der Gruppenbezogenen Menschenfeindlichkeit konfrontiert, d. h. die Wahrscheinlichkeit steigt, dass sie eine Abwertung oder Diskriminierung erfahren.

Zu diesen Elementen gehört auch die Islamfeindlichkeit (vgl. IKG Presseinformation 2011, S. 2). Keine andere Religion steht gegenwärtig so im Fokus negativer Zuschreibungen und kritischer Auseinandersetzungen wie der Islam. Das Bild über Muslim*innen in der Moderne, wird seit den Anfängen der 2000er Jahre verstärkt mit Gewalt, Terror sowie rigiden, antidemokratischen und frauenverachtenden Einstellungen in Verbindung gebracht (vgl. Hafez 2014). Die daraus folgenden Bedrohungsszenarien wie, dass sich das Abendland schleichend ›islamisiert‹ oder Deutschland sich ›abschafft‹, führen sowohl zur Diffamierung des Islams als auch zur Marginalisierung und Stereotypisierung einer gesamten Religionsgemeinschaft. Politische Bewegungen wie die Pegida oder auch Parteien wie die NPD und AFD bedienen sich dieser Vorurteile und Ressentiments gegen Muslim*innen und konstruieren weitere Szenarien, womit sie noch mehr soziale Ängste schüren. Das Gefühl einer Bedrohung durch eine fremde Religion und Kultur ist meistens die Vorstufe feindseliger Einstellungen, wie am Beispiel islamfeindlicher Einstellungen deutlich wird (vgl. Leibold 2010, S. 151). Neuere Untersuchungen belegen, wie verbreitet islamfeindliche Einstellungen in Deutschland sind. Die Studie *Wahrnehmung und Akzeptanz religiöser Vielfalt* aus dem Jahre 2010 kam zu dem Ergebnis, dass die Deutschen ein deutlich schlechteres Verhältnis zu nichtchristlichen Religionen als ihre europäischen Nachbarn haben. Insbesondere ihre negative Haltung gegenüber Muslim*innen ist im Vergleich zu Mitgliedern anderer Religionen und im Ländervergleich deutlich ausgeprägter. So gaben bei der Befragung 57,7 % der Westdeutschen und 62,2 % der Ostdeutschen an, dass sie eine eher bzw. sehr negative Haltung Muslim*innen gegenüber haben (vgl. Pollack 2010, S. 5).

Einer Studie der Bertelsmann-Stiftung aus dem Jahre 2015 zufolge ist Islamfeindlichkeit keine gesellschaftliche Randerscheinung, sondern reicht bis in der Mitte der Gesellschaft hinein. Dies belegen die Ergebnisse der Sonderauswertung Islam, laut der 57 % der Bevölkerung den Islam als Bedrohung wahrnehmen, 61 % der Meinung sind, der Islam passe nicht in die westliche Welt, 40 % der Bevölkerung sich durch die Muslim*innen wie Fremde im eigenen Land fühlen und 24 % der Meinung sind, dass Muslim*innen die Einwanderung untersagt werden sollte (vgl. Bertelsmann-Stiftung 2015, S. 8).

Auch die Leipziger Mitte-Studie aus dem Jahr 2016 kam zu einem ähnlichen Ergebnis. Laut Studie hat die Islamfeindlichkeit im Vergleich zu 2014 stark zugenommen. So waren 2016 41,7 % (2014: 36,6 %) der Befragten der Meinung, dass Muslim*innen die Zuwanderung nach Deutschland untersagt werden sollte, während 50 % (2014: 43 %) angaben, sich durch die vielen Muslim*innen im eigenen Land manchmal wie Fremde zu fühlen (vgl. Decker u. a. 2016, S. 49).

Bei so einer eindeutigen Forschungslage stellt sich die Frage, wieso Islamfeindlichkeit gesellschaftlich so stark ausgeprägt und weit verbreitet ist. Ein kurzer Blick in die Geschichte kann dabei behilflich sein, gegenwärtige Entwicklungen besser nachzuvollziehen. Denn die Angst vor dem Islam ist kein neuzeitliches Phänomen, sondern tief verwurzelt in der Geschichte der christlich-islamischen Auseinandersetzungen. Die Ausbreitung des Islams im 8. Jahrhundert und die Eroberung zuvor christianisierter Territorien begründeten Naumann zufolge die erste historische *Vormarsch-Metapher* als festen Bestandteil der alteuropäischen Wahrnehmung über den Islam. Das Vordringen der Osmanen bis vor die Tore Wiens im 16. Jahrhundert manifestierte die »Vorstellung vom sarazenischen Völkersturm aus der Wüste« (Naumann 2010, S. 22). Auch die europäische Geschichtsschreibung bediente sich bis ins 20. Jahrhundert den Stereotypen eines aggressiven Islams, »dem es einzig darum ging, unter dem religiösen Diktat des ›Heiligen Krieges‹ den neuen Glauben mit Schwert und Zwang zu verbreiten« (Naumann 2010, S. 23).

Die gegenwärtige Wahrnehmung einer islamischen Bedrohung ist nicht weit von ihrem historischen Bezug entfernt. Gewalt und Terrorismus, Demokratiefeindlichkeit, Rückständigkeit und Verachtung von Frauen sind Aspekte, mit denen der Islam nach wie vor assoziiert wird (vgl. Ceylan 2014, S. 84). Ressentiments und negative Zuschreibungen haben demnach zwar einen starken historischen Bezug, doch kommen heute weitere bedeutende Faktoren hinzu, die für die Ablehnung des Islams mitverantwortlich sind. Pickel zufolge ist die Kombination »von fehlenden direkten Kontakten und Erfahrungen mit medialen Wahrnehmungen eines gefährlichen Islams« (Pickel 2017, S. 64) ein bedeutender Grund, weshalb der Islam vielen Deutschen als gefährlich und bedrohlich erscheint. Aus sozialpsychologischer Sicht spielen neben diesen, als *parasoziale Kontakte* bezeichneten Motiven auch identitätsstiftende sowie -stärkende Handlungsmuster eine bedeutende Rolle. Dazu gehört u. a. das Hinzuziehen von Unterscheidungsmerkmalen mit dem Ziel der Abgrenzung und Abwertung der Fremdgruppe zugunsten der Aufwertung der eigenen Gruppe (vgl. Logvinov 2017, S. 11). Die Reaktion der Abgewerteten mündet nicht nur in Ärger und Frust über die Mehrheitsgesellschaft. Sie führt Uslucan zufolge auch »zu einer Festigung der sozialen Identifikation mit der Herkunftsgesellschaft und zu einer stärkeren Selbstsegregation« (Uslucan 2014, S. 16). Während also einerseits Vorurteile, Stereotypen und Feindseligkeiten gegenüber dem Islam und Menschen muslimischen Glaubens zunehmen und durch mediale Präsenz größere Massen erreichen, bekommen andererseits salafistische Gruppen immer mehr Zulauf (vgl. Bozay 2017, S. 125 f.).

2.7 Salafistische Gemeinschaften

Die Verwurzelung junger Muslim*innen in religiöse Wertestrukturen als Folge einer Identitätskrise und Erfahrungen mit Diskriminierung bietet salafistischen Gruppen und Gemeinschaften eine wichtige Andockstelle. Denn ihre religiösen Standpunkte kommen bei vielen Jugendlichen nicht zuletzt deshalb gut an, weil salafistische Gruppen im Gegensatz zu den ethnisch-kulturell orientierten Moscheevereinen und dem familiären Umfeld multiethnisch und in ihren Aktivitäten sowie Strukturen dynamischer und jugendlicher sind (vgl. Ceylan/Kiefer 2013, S. 75 f.). Sie geben vor, die Lebenswelt, die Fragen und Dilemma der jungen Menschen besser nachvollziehen und adäquater auf ihre Bedürfnisse eingehen zu können und ihnen den Weg zum ›wahren‹ Glauben zu zeigen. Konservativ-autoritäre bzw. traditionelle Familienstrukturen dagegen halten sich eher an altbewährte traditionelle Werte- und Interaktionsmuster, ohne den Zeitgeist und die Lebensumstände der jungen Menschen wirklich in Betracht ziehen und verstehen zu wollen.

Hans-Ludwig Frese verdeutlicht dies in seiner im Jahr 2002 erschienen Studie *Den Islam ausleben. Konzepte authentischer Lebensführung junger türkischer Muslime in der Diaspora*. Frese führte problemzentrierte Interviews mit 29 in Deutschland lebenden muslimischen Jugendlichen und jungen Menschen im Alter von 14 bis 26 Jahren durch, die einem oder mehreren religiösen Dachverbänden angehörten, und stellt fest, dass die muslimischen Jugendlichen eine ausgeprägte Individualisierungstendenz aufweisen und den elterlichen Einstellungen und Lebensentwürfen kritisch gegenüberstehen (vgl. Frese 2002, S. 278). Auch in Bezug auf ihre Religiosität zeigten die Jugendlichen eine kritische Haltung ihren Eltern gegenüber. Frese beschreibt dies wie folgt:

> »Analog zu eher schulischer Bildung sehen viele der befragten Jugendlichen ihre Eltern auch in religiösen Dingen weniger bewandert als sich selber. Die Eltern, denen von Außenstehenden so oft unterstellt wird, dass sie diejenigen seien, die an ›traditionellen‹ Lebensweisen festhielten, müssen ihre Einstellungen vor ihren Kindern rechtfertigen, und dabei häufiger die Erfahrung machen, dass die Kinder diese Einstellungen ablehnen, eben weil sie ›nur‹ traditionell und nicht eigentlich islamisch begründet seien« (ebd., S. 281).

Gerade diese Art der Kritik ist eine der zentralen Schnittstellen zu salafistischen Gemeinschaften, die einen stärkeren Bezug zur Religion als Quelle eines ›richtigen‹ und frommen Lebens propagieren. Dazu gehört vor allem auch eine starke Oppositionshaltung gegen die Errungenschaften der Moderne, die keinen Raum für eine kritische Auseinandersetzung oder Selbstentfaltung bietet. Trotzdem kann ihr statisches Weltbild und Verständnis von Religion sowie dessen Ausübung sehr attraktiv für junge Menschen sein. Die Gründe hierfür sind vielfältig. Vor allem junge Menschen, die aufgrund einer kriminellen Vergangenheit oder persönlicher und familiärer Konflikte auf der Suche nach einer Orientierung oder einem Neuanfang sind, glauben in der Religion und in religiösen Gemeinschaften einen Halt zu finden (vgl. Nordbruch u. a. 2014, S. 363). Wenn die vermittelten Wertvorstellungen auch über ethnische, nationale und schichtspezifische Grenzen hinweg einen allgemeinen Anspruch auf Wahrhaftigkeit im Sinne der Deutung der Welt haben, werden sie für Personen attraktiv, die weder aus dem gleichen religiösen noch dem gleichen kulturellen Milieu stammen (vgl. Ceylan/Kiefer 2013, S. 75 f.). Der Einfluss von salafistischen Gemeinschaften ist auch deshalb besonders groß, weil sie über ethnische und nationale Grenzen hinweg identitätsstiftend sind.

> Salafistische Prediger und Aktivist*innen kennen die lebensweltliche Realität der Jugendlichen und sprechen ihre Sprache. Als dekulturierte und deterritorialisierte Bewegung haben sie starke regionale Bezüge, in denen ihre Akteur*innen verwurzelt und missionarisch aktiv sind. Dies ist gleichzeitig ein grundlegender Unterschied zu den traditionellen ethnisch-kulturell orientierten Moscheevereinen und ihren Imamen. Für Salafist*innen, die eine ›ethnizitätsblinde‹ islamische Weltgemeinschaft (Umma) proklamieren, sind ethnische Herkunft und Nationalität obsolet. Deshalb können sie eine viel breitere Masse von Jugendlichen erreichen (vgl. Ceylan/Kiefer 2013, S. 75 f.).

Neben ihrem identitätsstiftenden Charakter sind salafistische Gemeinschaften auch sinnstiftend. Aufgrund der Vermittlung eines reduktionistisch-dualistischen Weltbildes erhalten die Jugendlichen einfache Antworten auf komplexe Fragen. Durch einen strikten, ritualisierten Alltag nach den Kriterien *halal* und *haram* haben sie eine konkrete Vorstellung darüber, was sie dürfen und was nicht. Hinzu kommen das enge Gemeinschaftsleben sowie ein großes soziales Netzwerk an Gleichgesinnten, das jungen Menschen emotionale Zufluchtsorte bietet und das Gefühl der Gleichheit, Anerkennung und Akzeptanz vermittelt (vgl. Ceylan/Kiefer 2013, S. 93). Neben einem festen transzendentalen Bezugspunkt wird den jungen Menschen das Gefühl gegeben, dass sie wichtiger Teil einer Avantgarde sind, die einer »höheren, spirituellen Sache« (ebd.) dient.

Salafistische Gruppen sind aktiv in allen für die Jugendlichen zentralen Social-Media- und weiteren bedeutenden Online-Plattformen. So sind sie in der Alltagsrealität dieser jungen Menschen teils präsenter als ihr näheres soziales Umfeld (vgl. Zick u. a. 2018, S. 61). Durch ihre jugendaffine Sprache und Angebotsstruktur holen sie die jungen Menschen genau dort ab, wo sie stehen. Sie haben eine große Ausstrahlkraft, weil sie lebensweltorientiert argumentieren sowie die Bedürfnisse, Sorgen und Ängste der jungen Menschen ansprechen (vgl. ebd.). Damit befeuern sie den Prozess der Radikalisierung junger Menschen, die ohnehin durch das Stigmatisiert- und Entwurzeltsein einen Ausweg aus dieser Negativspirale suchen (vgl. Benslama 2017, S. 35).

Nordbruch u. a. (2014, S. 367) skizzieren anhand einer vereinfachten Formel, die von den Autor*innen verkürzt WWGGG genannt wird, die wesentlichen Attraktivitätsmomente salafistischer Gruppierungen wie folgt.

- **Wissen:** Zunächst stellt der Salafismus einen jugendaffinen religiösen Fundus an Wissen zur Verfügung. Junge Menschen, die sich für den Islam interessieren, suchen demzufolge nach Informationen, die jugendgerecht formuliert sind. Nach Nordbruch u. a. (2014) bieten einige Moscheegemeinden den Adoleszenten in Deutschland nur ein begrenztes Angebot, das sich auf die Vermittlung religiöser Texte beschränkt. Deren Auseinandersetzung stellt eine Vielzahl der jungen Menschen aufgrund von sprachlichen und inhaltlichen Barrieren vor kognitive Herausforderungen. Die Alltagsnöte der jungen Menschen stellen andererseits auch die islamischen Geistlichen vor Herausforderungen, beispielsweise die Frage nach andersgeschlechtlichen Jugendfreundschaften oder die Teilnahme an demokratischen Wahlen. Da sich salafistische Akteur*innen mit der westeuropäischen Gesellschaft und den Alltagsproblemen der Adoleszenten auskennen, knüpfen sie mit einem jugendaffinen Angebot an die Lebenswelt der jungen Menschen an. Durch Inanspruchnahme dieser Offerten erhoffen sich Salafist*innen, dass sich die Adoleszenten dem salafistischen Islamverständnis annähern. Das Angebot der Salafist*innen reicht von sogenannten Islamseminaren über Informationsstände bis hin zu öffentlichen Veranstaltungen mit Eventcharakter (vgl. Nordbruch u. a. 2014, S. 367).
- **Wahrheit:** Salafistische Akteur*innen nehmen für sich in Anspruch, über die Wahrheit zu verfügen. Die salafistische Ideologie ist geprägt von einem dichotomen Weltbild. Demnach gibt es für Salafist*innen keine Grauzonen. Sie bieten den jungen Menschen einfache Antworten auf schwierige Fragen und vermitteln dabei ein Denken in Schwarz-Weiß-Strukturen. Die Welt wird beispielsweise in gut oder böse und *halal* (erlaubt) oder *haram* (verboten) gegliedert. Gerade für junge Menschen auf der Suche nach Identität und Orientierung, insbesondere in prekären Lebenslagen, wirken diese verkürzten Ideen ansprechend (vgl. ebd., S. 367 f.).
- **Gehorsam:** Mit einer sogenannten Angstpädagogik, so Nordbruch u. a., die bei Nichteinhaltung der religiösen Pflichten mit Höllenqualen droht, fordern salafistische Akteur*innen unbedingten Gehorsam gegenüber Allāh. Kennzeichnend für zahlreiche jugendkulturelle Gruppierungen ist die Provokation von und der Protest gegen Autoritäten. Die intensive Beschäftigung mit der Auflehnung gegen Autoritäten ist für die Adoleszenten fordernd. Doch in der salafistischen (Jugend-)Subkultur unterwerfen sie sich andererseits nicht nur Gott, sondern auch charismatischen salafistischen Akteur*innen. Die radikale Weltanschauung liefert deutliche Handlungsanweisungen, die über selektiv ausgewählte islamische Quellen legitimiert werden. Junge Menschen, die vor allem Struktur benötigen, finden in den vorgegebenen religiösen Richtlinien ein klar definiertes

Regelwerk, wonach sie als Adoleszenten ihr Leben ausrichten können. Ihnen wird insofern die Konfrontation der Auseinandersetzung mit dem Elternhaus und der sozialen Umwelt abgenommen (vgl. ebd., S. 368).
- **Gemeinschaft:** Die salafistische Gemeinschaft bietet einen familiären Rahmen, in dem sich ›Glaubensbrüder‹ und ›Glaubensschwestern‹ helfend die Hand reichen und auch in prekären Lebenslagen füreinander einstehen. Neue Bindungsprozesse werden in der Glaubens- und Wertegemeinschaft initiiert und aufrechterhalten. In vielschichtigen Problemlagen spannt die solidarische Glaubensgemeinschaft ein Netz, um die Adoleszenten aufzufangen. So entsteht eine Vertrauensbasis, in der sich junge Menschen (kurzfristig) sicher fühlen können. Innerhalb der Gemeinschaft werden klare, vorgefertigte Rollenbilder vermittelt, die männliche und weibliche junge Adoleszenten ohne kritische Selbstreflexion übernehmen können. Junge Männer nehmen dabei eine autoritäre Rolle ein und treten in der Öffentlichkeit, besonders im Hinblick auf die gemeinsamen Szene-Events (›Straßenmissionierung‹, Koran-Verteilaktion), eher in Erscheinung. Frauen hingegen übernehmen die Erziehungsrolle und tragen die Verantwortung für die Glaubens- und Wertevermittlung. Die Rollenverteilung wirkt daher für die jungen Menschen geschlechterübergreifend sinnstiftend. Speziell für die weibliche Mitgliedschaft ist der Salafismus folglich attraktiv, da sich die Frage nach der Auseinandersetzung mit der Rolle als Frau im Spannungsverhältnis zwischen Karriere und/oder Familie nicht mehr stellt (vgl. ebd.).
- **Gerechtigkeit:** Aktuelle gesellschaftliche Situationen gehen nicht spurlos an den jungen Menschen vorbei. Vielmehr zeigt sich in der Jugendphase, dass die Adoleszenten ein nicht zu unterschätzendes Gerechtigkeitsempfinden entwickeln. Globale und lokale Missstände werden innerhalb der Gemeinschaft thematisiert und salafistische Akteur*innen nutzen bzw. missbrauchen dieses Ohnmachtsempfinden, um die eigene Bewegung zu stärken. Dabei geht es nicht um die Klärung von Faktenwissen; die Salafist*innen thematisieren vielmehr aktuelle Weltgeschehnisse, um die salafistische Großerzählung der Kämpfe zwischen ›Gut und Böse‹ und ›Recht und Unrecht‹ zu untermauern. Salafist*innen sehen sich als die Held*innen und Retter*innen der globalen islamischen Gemeinschaft und definieren sich daher als die Avantgarde des Guten, was mit einer Steigerung des Selbstwertes einhergeht. In Teilen der salafistischen Bewegung wird demzufolge Gewalt mittelbar bzw. unmittelbar gefördert und legitimiert (vgl. ebd.).

Die von Nordbruch u. a. (2014) entwickelte Formel beleuchtet die Pull-Faktoren, die auf junge Menschen anziehend wirken können, aus der Angebotsperspektive der salafistischen Bewegung. Es zeigt sich, dass die Angebote gerade für Adoleszenten in Suchprozessen verlockend sind, da ein großes Interpretationsangebot seitens charismatischer Salafist*innen zur Verfügung gestellt wird. Dabei spielen insbesondere das Internet und Soziale Medien eine bedeutende Rolle.

2.8 Medien

Der Großteil unseres Wissens bzw. unserer Wissensbestände ist auf eine aktive wie auch passive Nutzung von Medien zurückzuführen (vgl. Luhmann 2004, S. 9). Medien sind aber nicht nur reine Informations- oder Wissensquellen, sondern haben ebenso die Funktion *reale* Prozesse und Ereignisse wiederzugeben. Dabei bedienen sie sich als Informationsquellen dem Prozess der selektiven Informationsvermittlung. Denn sowohl Medienschaffenden wie auch Medienkonsumierenden ist es nicht möglich, die Vielfalt und Komplexität von Informationen in vollem Umfang zu verarbeiten und wiederzugeben. Lippmann zufolge sind wir Menschen »nicht so ausgerüstet, daß wir es mit soviel Subtilität, mit so großer Vielfalt, mit so vielen Verwandlungen und Kombinationen aufnehmen können« (Lippmann 1990, S. 18). So wird ein*e Zeitungsleser*in aus der Fülle von Informationen, die die Zeitungen wiedergeben, nur die für sie*ihn relevanten Informationen selektieren. Das bedeutet, dass die ohnehin bereits selektierten Informationen erneut selektiert werden, so dass nur noch ein Bruchteil eines Bruchteils des eigentlichen Ereignisses oder Sachbestandes in Erfahrung gebracht werden kann (vgl. Merten 1999, S. 252). Genau dies stellt ein großes Problem bei der Meinungsbildung und Beurteilung von Sachverhalten dar. Das Minimum an Informationen, das uns durch die Medien zur Verfügung gestellt wird, zieht die Frage nach sich, inwieweit das, was wir vermittelt bekommen, auch den tatsächlichen Verhältnissen und objektiven Gegebenheiten entsprechen kann. Hinzu kommt, dass mediale Berichterstattungen nur schwer überprüfbar sind, weshalb die vermittelten Informationen meist ungefiltert und unhinterfragt übernommen werden.

> Medien konstruieren eine soziale Wirklichkeit, die die Sichtweisen und Reaktionen von Konsument*innen beeinflussen. Sie haben damit die Fähigkeit, »in einem hohen Maß unüberprüfbare Informationen mit faktischer Wirkung zu erzeugen« (Top 2006, S. 40).

Das ist deshalb möglich, weil der Wahrheitsgrad der Informationen nicht gänzlich erschlossen werden kann. Selbst die *reale* Quelle bietet eine Menge Interpretationsspielraum, der sich auf persönliche, politische, weltanschauliche und weitere Perspektiven stützt. Medien sind deshalb keine neutralen Träger von Informationen. Erll zufolge übertragen Medien »nicht einfach Botschaften, sondern entfalten eine Wirkkraft, welche die Modalitäten unseres Denkens, Wahrnehmens, Erinnerns und Kommunizierens prägt« (Erll 2004, S. 4). Sie können daher manipulativ wirken und laut Jäckel ein Machtverhältnis begründen bzw. als Machtmittel instrumentalisiert werden (vgl. Jäckel 2005, S. 295–314). Denn das mediale Selektionsprinzip ist an Kriterien gebunden. Hierzu zählen mehrheitstaugliche Stimmungen und Meinungsbilder, politisch-legitimierte Perspektiven oder auch kommerzielle Interessen, bei denen es darum geht, welche Ereignisse wie aufbereitet und veröffentlicht werden müssen, um die höchsten Einschaltquoten oder Auflagenzahlen zu erhalten. Die Wettbewerbssituation der Medienschaffenden verleitet Schneiders zufolge diese dazu, ihre Berichterstattungen so zu gestalten, dass sie die größte Aufmerksamkeit erhalten. So werden statt Sachlichkeit und nüchterner Berichterstattung Sachverhalte dramatisiert und die beteiligten Akteur*innen bagatellisiert (vgl. Schneiders 2016, S. 214). Dadurch verstärken Medien Vorurteils-, Stereotype- und Klischeebildungen nicht nur; die von ihnen vermittelten selektiven Informationen bieten ebenso einen großen Spielraum für Eigeninterpretationen.

Gerade dieser Interpretationsraum führt dazu, dass die Realität im Kontext eigener Erfahrungen und eigenen Wissens gedeutet und später als Erinnerung elaboriert wird (vgl. Ruhrmann 1994, S. 246). Die Medien nutzen diesen Umstand wiederum für die Generierung von Berichten, die einen auf die Rezipient*innen ausgerichteten Informationswert haben, wodurch sie die ohnehin vorhandenen stereotypisierten Bilder z. B. über den Islam und Muslim*innen weiter bestärken und somit eine anti-integrative soziale Wirklichkeit konstruieren. Damit hat die selektive Realitätsvermittlung nicht nur Einfluss auf die Wahrnehmung, das Verständnis und die Konstruktion von Wirklichkeit, sondern ebenso Auswirkungen auf das soziale Miteinander. Uslucan zufolge handeln Menschen »nicht nur aufgrund objektiver Wirklichkeitskenntnis, sondern der subjektiven Perzeption dieses Wirklichkeitsausschnittes« (Uslucan 2014, S. 8). Dadurch entwickeln sich die stigmatisierenden Berichterstattungen über (junge) Muslim*innen zu festen Meinungsbildern und werden zu realen Bezugspunkten bei der Beurteilung und Bewertung dieser Gruppe. Infolgedessen werden junge Muslim*innen nicht nur diskreditiert und marginalisiert, sondern ihre gesamte Religionsgemeinschaft gerät in den Fokus von Kritik und Abwertung (vgl. Hafez 2014).

Eckert zufolge stehen genau diese Aspekte am Anfang eines Radikalisierungsprozesses. Dabei müssen die Betroffenen noch nicht einmal Primärerfahrungen mit Benachteiligung gemacht haben. Eckert schreibt hierzu: »›Fraternale relative Deprivation‹, also die wahrgenommene Benachteiligung der Gruppe, der man zugehört oder mit der man sich identifiziert, ist der bisher beste Prognosefaktor von Radikalisierung« (Eckert 2013). Das bedeutet, dass sowohl Selbst-, als auch Fremderfahrung mit Benachteiligung und Stigmatisierung das Annehmen radikaler Gegenpositionen legitimieren kann. Wenn der Islam, der für junge Muslim*innen einen bedeutenden Teil ihrer alltäglichen Lebenswelt und Wertorientierung darstellt, sowie die muslimische Gemeinschaft im Allgemeinen Ressentiments, Kritiken und Negativbeurteilungen, die durch mediale Berichterstattungen verstärkt werden, ausgesetzt sind, ist ein Verteidigungsreflex der Betroffenen meist die Folge (vgl. Zick u. a. 2018, S. 64 ff.). Dieser Verteidigungsreflex führt einerseits zur Verhärtung der Fronten und begünstigt andererseits den Zulauf zu salafistischen Gruppen. Denn die kollektiven Diskriminierungs- und Marginalisierungserfahrungen schweißen nicht nur die religiöse Gemeinschaft zusammen, sondern führen zu mehr Zuspruch zu Gruppen, deren Propagandainhalte sich mit der Eigen- und Kollektiverfahrung decken und jugendaffin übermittelt werden (vgl. ebd., S. 61 f.).

> Gesellschaftliche und mediale defizitorientiert-destruktive Diskurse über den Islam und Muslim*innen bieten dafür die ideale Legitimationsgrundlage. Nicht umsonst spricht Schneiders von den Medien als Erfüllungsgehilfen salafistischer

Gruppen. Diskreditierende Berichterstattungen können sowohl den Selbstviktimisierungsprozess junger Muslim*innen anstacheln, als auch den Bekanntheitsgrad salafistischer Gruppen steigern, wodurch diese genau die Aufmerksamkeit erhalten, die sie antizipieren (vgl. Schneiders 2016, S. 113). Dadurch werden auch die Angebote dieser Gruppen vor allem in den Sozialen Netzwerken attraktiver. Durch ihre jugendaffine Sprache und Angebotsstruktur holen sie die jungen Menschen genau dort ab, wo sie stehen. Sie haben eine große Ausstrahlkraft, weil sie lebensweltorientiert argumentieren, die Bedürfnisse, Sorgen und Ängste der jungen Menschen ansprechen und einen niedrigschwelligen Zugang bieten (vgl. Zick u. a 2018, S. 61). Damit befeuern sie den Prozess der Radikalisierung junger Menschen, die ohnehin durch das Stigmatisiert- und Entwurzeltsein einen Ausweg aus dieser Negativspirale suchen (vgl. Benslama 2017, S. 35).

3 Salafismus als Jugendkultur

Mit der Loslösung von der primären Sozialisationsinstanz Familie begeben sich junge Menschen auf die Suche nach neuen Bezugsmöglichkeiten (vgl. Harring u. a. 2010, S. 11). Peers und Cliquen sind in diesem Zusammenhang wichtige Bezugsgruppen und Sozialisationsinstanzen. Sie sind Plattformen für Jugendliche, in denen ähnliche Interessen, Vorstellungen und Werte geteilt werden können. Zudem basiert die Zugehörigkeit auf Freiwilligkeit, durch die bestimmte Selbstverständlichkeiten wie in einem familiären Kontext nicht gegeben sind. Dies bedeutet, dass junge Menschen zur Aufrechterhaltung ihrer sozialen Beziehungen diese pflegen und aushandeln müssen. Der Charakter der Freiwilligkeit birgt einerseits die Gefahr, dass sich die Beziehungen schnell auflösen können, fördert aber andererseits den Erwerb sozialer Kompetenzen (vgl. ebd.).

Die Clique als Ort von Vergemeinschaftung und jugendlicher Emanzipationsbestrebungen eröffnet jugendspezifische Erfahrungsbildung und -artikulation, die sich dadurch auszeichnen, dass prinzipiell jedes Thema aufgegriffen und sich über jedes Thema ausgetauscht werden kann. Die Überzeugungen und auch politischen und/oder religiösen Ansichten, die in den jeweiligen Peergroups oder informellen Cliquen dominieren (vgl. Scherr 2010, S. 79), können eine Anbindung an andere Netzwerke begünstigen.

> So kann aus einem freiwilligen Zusammenschluss von Jugendlichen mit dem Fokus einer gemeinsamen Freizeitgestaltung eine ideologische oder religiöse Anbindung an ein radikales Milieu erfolgen. Dies bestätigen Ergebnisse von Studien, die darauf hindeuten, dass die Peergroup als eine der stärksten Faktoren für den (gemeinsamen) Zugang zu radikalen Milieus sowie den Radikalisierungsprozess Einzelner verantwortlich ist (vgl. BKA/BfV/HKE 2016, S. 20; Aslan/Akkılıç 2017, S. 265; Zick u. a. 2018, S. 65).

Zick u. a. fassen dies wie folgt zusammen:

> »Wird Sozialisation als ein Prozess des Mitgliedwerdens in Gesellschaft verstanden, dann entspricht die Radikalisierung von jungen Menschen in geschlossenen, von ihnen digital wie analog, konstruierten Gruppen einer Möglichkeit der alternativen Sozialisation in radikalen Gegengesellschaften« (Zick u. a. 2018, S. 65).

Radikalisierung wird hier auch als Sozialisationsprozess verstanden, »bei dem extremistische Glaubens- und Normsysteme in Diskursgemeinschaften und radikalen Milieus […] verdichtet, reproduziert und über soziales Lernen tradiert werden« (ebd.). Diese können ihren finalen Höhepunkt dann in einer radikalen Handlung erreichen. Laut Zick u. a. polarisieren solche Jugendgruppen »Emotionen, Gedanken und Handlungen vor dem Hintergrund der Ausbildung einer kollektiven Identität, die auch und bisweilen vor allem dazu dient, jugendspezifische Herausforderungen zu bewältigen« (ebd.).

Mit einer Anbindung an radikale Milieus ändert sich gleichzeitig der Fokus dieser jungen Menschen. Sie fühlen sich einer globalen Interessens- und Gesinnungsgemeinschaft, die heute ›Szenen‹ genannt werden, zugehörig. In der salafistischen Szene wird von einer globalen muslimischen Gemeinschaft, der Umma, ausgegangen »die nicht mehr mit einem realen Territorium oder einer realen Gesellschaft verbunden ist, sondern virtuell ist« (el-Menouar 2017, S. 242). Die Umma ist in erster Linie ein soziales Netzwerk wie auch Orientierungssystem für Menschen mit gleichen Ansichten und Lebenseinstellungen, dessen Selbstverortung innerhalb dieser Szene zur Steigerung des Selbstwertgefühls beitragen kann. Es kann aber auch als eine Strategie der Bewältigung verstanden werden, bei der Fremdzuschreibungen »peerkulturell bearbeitet und umgedeutet und in die eigenen Stilisierungen integriert« (BMFSFJ 2017, S. 212) werden. Groß ist der Meinung, dass »Jugendkulturelle Umgangsweisen mit Fremdbildern [...] als identitäre Prozesse der Bewältigung drohender oder bereits bestehender Ungleichheit sowie von Differenzkonstruktionen aus der Erwachsenengesellschaft verstanden werden« (Groß 2010, S. 44) können. Differenzkonstruktionen, die notwendig für *Selbstkonstruktionen* seien, vollziehen sich dabei Groß zufolge durch bewusste Unterscheidungen von Menschen und Gruppen, mit dem Ziel, »Zugehörigkeit und Andersheit herzustellen« (ebd., S. 36). Damit stehen die Konstitution des Wir und die Distinktion von der Fremdgruppe in einem reziproken Verhältnis zueinander. Als typisches jugendkulturelles und allgemein gruppenspezifisches Merkmal geht die Abgrenzung von einer Fremdgruppe mit Selbstwirksamkeitsbestrebungen in Form *jugendkultureller Selbstinszenierungen* (vgl. Stauber 2012, S. 60) einher.

Jugendkulturelle Selbstinszenierungen

Unter jugendkultureller Selbstinszenierung versteht Stauber eine kollektive Handlungspraxis junger Menschen, durch die sie »unter immer neuen Kontextbedingungen, in wechselnden, manchmal aber auch über Phasen hinweg konstant bleibenden Selbstdarstellungen« (Stauber 2012, S. 53) ihre Handlungsfähigkeit erproben und die sozialen Anforderungen im Übergang zum Erwachsenenalter bewältigen und gestalten. Die Inszenierungen des Selbst können Keupp zufolge aber auch als *Kompromissbildung* zwischen Anpassungs- und Autonomiebestrebungen mit dem Ziel sozialer Anerkennung und Akzeptanz, insbesondere vor dem Hintergrund einer *ungewissen Spätmoderne*, verstanden werden (vgl. Keupp 2020, S. 44 ff.). Das Streben nach sozialer Anerkennung ist dabei eng mit der *Zugehörigkeitsfrage* sowie der Verortung des Selbst verbunden (vgl. Keupp 2020, S. 44). Denn das Selbst werde, wie Taylor es formuliert »teilweise von der Anerkennung oder Nicht-Anerkennung, oft auch von der Verkennung durch die anderen geprägt, so daß ein Mensch oder eine Gruppe von Menschen wirklichen Schaden nehmen, eine wirkliche Deformation erleiden kann, wenn die Umgebung oder die Gesellschaft ein einschränkendes, herabwürdigendes oder verächtliches Bild ihrer selbst zurückspiegelt« (Taylor 2009, S. 13). Selbstinszenierungen können somit auch als Reaktion auf soziale Diskreditierung, Marginalisierung und gemeinschaftlichen Ausschluss verstanden werden. Sie erfüllen ebenso die Funktion, die Jugendlichen handlungsfähig zu machen und eine Grundlage für Zugehörigkeit zu schaffen, worüber Sinnstrukturen vermittelt (vgl. Stauber 2012, S. 60) und Orientierung hergestellt werden können. Das dadurch sich steigernde Kohärenzgefühl, wodurch die Welt und das Leben verstehbar, die Anforderungen und Belastungen bewältigbar und die Lebensumstände sinnhaft werden, ist für die psychische *Salutogenese* von großer Bedeutung (vgl. Stumpp 2006; Antonovsky 1997).

Für junge Muslim*innen kann ein gesteigertes Kohärenzgefühl die Überwindung eines *doppelten Generationenkonflikts* bedeuten, das sich von Wensierski (2015, S. 322) zufolge sowohl in einer Auseinandersetzung mit der *Erwachsenenwelt der Mehrheitsgesellschaft* sowie *ethnischen Herkunftskultur der Eltern* äußert. Sichtbar wird dies an der durch von Wensierski beschriebenen Besonderheit *muslimischer Jugendszenen*, die durch eine »selbstbewusste und kollektive Inszenierung und Stilisierung der eigenen Religiosität im öffentlichen Raum« (ebd., S. 323) auffallen. Die jugendkulturellen Selbstinszenierungen junger Muslim*innen zielen damit einerseits auf *Eigenmächtigkeit* (vgl. Stauber 2012, S. 61), wodurch sie sich, wie auch in anderen Jugendkulturszenen üblich, durch *kulturelle Stilbildungen* gegenüber anderen Jugendszenen, Gruppen und Generation abgrenzen (vgl. von Wensierski 2015, S. 322). Gleiches geschieht auch innerhalb der salafistischen Szene, deren Akteur*innen sich auch von anderen muslimischen Gruppen abgrenzen und sich damit jugendkulturell neu inszenieren. Um dies besser nachvollziehen zu können, ist es hilfreich im Folgenden näher auf die Begriffe Jugendkultur und Jugendszenen einzugehen.

3.1 Jugendkultur und Jugendszenen

Schäfers zufolge ist eine Jugendkultur die Herausbildung spezifischer »Inhalte und Formen der materiellen, vor allem aber der geistigen Kultur […] als Ausdruck von Eigenständigkeit, eines eigenen Lebensgefühls und eigener Werthaltungen« (Schäfers 1998, S. 161). Das Konzept der Jugendkultur ist demzufolge Teil jugendlicher Vergemeinschaftung, durch den sich junge Menschen von den gesamtgesellschaftlichen Konformitätserwartungen lösen und eigene Normen, Wertvorstellungen, Lebensentwürfe und Weltsichten entwickeln. Jugendkulturen begründen damit eine Alternativ- bzw. Gegenkultur. Ihre Kennzeichen sind meistens ein bestimmter Lebens-, Kleidungs- und Musikstil, bestimmte Freizeitaktivitäten, Weltanschauungen und entsprechendes Protestverhalten (vgl. Schäfers 1998, S. 162). Die Rolle solch gruppenspezifischer Merkmale sind bei der Bildung und Festigung von

Gruppenidentität sowie der Entwicklung eines Zugehörigkeitsgefühls sehr bedeutend. Dabei geht es in erster Linie darum, sich von anderen (jugendlichen) Gruppen und der Erwachsenenwelt mit einer eindeutigen Positionierung abzugrenzen (vgl. BFSFJ 2017, S. 212). Maase zufolge ist Jugendkultur durch drei Merkmale gekennzeichnet:

1. Abgrenzung gegenüber der Erwachsenenwelt,
2. Kommerzialisierung ihrer Objekte und Praktiken und
3. Teil der Normalbiographie praktisch aller Heranwachsender (vgl. Maase 2003, S. 40).

Maase merkt gleichzeitig an, dass es das Phänomen der Jugendkultur »nur in Mehrzahl, in Gestalt vieler Jugendkulturen, die sich voneinander bis zum Krieg der Stile unterscheiden« (ebd.), geben kann. Ihm zufolge spiegeln sich die gesellschaftlichen Verhältnisse auch innerhalb der jugendlichen Vergemeinschaftung wider. Folglich ist die Vielfalt an Einstellungen, Weltsichten, Werten und Normen der unterschiedlichen Jugendkulturen ebenso ein Abbild der gesellschaftlichen Vielfalt. Dies würde nahelegen, dass Jugendkultur auch immer ein Pendant zur Erwachsenenwelt oder zu gesamtgesellschaftlichen Konsensvorstellungen ist, in deren Strukturrahmen sie entsteht und an denen sie sich konformistisch oder kritisch orientiert (vgl. ebd.).

> Jugendkultur kann somit auch als ein durch gesellschaftliche Jugend- und Jugendlichkeitsideale beeinflusstes oder aber selbst produziertes und von Jugendlichen getragenes Vorstellungsgebilde begriffen werden (vgl. Fuchs-Heinritz 2020a, S. 368).

Unabhängig vom Grad ihrer Selbstbestimmtheit sind Jugendkulturen aber nicht machtlos den sozialen Mechanismen und/oder gesellschaftspolitischen Entwicklungen und ihren Einflüssen ausgesetzt. Sie befinden sich stets in einer Wechselbeziehung mit gesamtgesellschaftlichen Entwicklungen, Prozessen und Strukturen. Am deutlichsten wird dies beim Thema Digitalisierung. Die technischen Entwicklungen und digitalen Trends, in denen die Jugend den Ton angibt (vgl. BMSFJ 2017; Ferchhoff 2011; Grunert/Deinert 2010), führen zu einem Wandel der Jugendkulturen, infolgedessen sich junge Menschen globalen Interessens- und Gesinnungsgemeinschaften anschließen, zu denen sie sich in der physischen Welt keine direkten Zugänge verschaffen können (vgl. Scherr 2010). Diese global agierenden Gemeinschaften werden heute Szenen genannt.

> Szenen sind Hitzler u. a. zufolge posttraditionale Gemeinschaften, die dadurch gekennzeichnet sind, »dass sich Individuen kontingent dafür entscheiden, sich freiwillig und zeitweilig mehr oder weniger intensiv als mit anderen zusammengehörig zu betrachten, mit denen sie eine gemeinsame Interessenfokussierung haben bzw. vermuten« (Hitzler u. a. 2008, S. 10).

Als soziale Netzwerke wie auch Orientierungssysteme für Menschen mit ähnlichen Ansichten und Lebensentwürfen sind Szenen im Unterschied zu Freundescliquen deutlich größere translokale Gemeinschaften mit heterogener Mitgliederschaft, dafür mit einer viel geringeren Interaktionsdichte (vgl. Scherr 2010, S. 94). Aufgrund der Vermittlung von Werten, Einstellungen und einem unverwechselbaren Lebensgefühl haben Szenen einen identitätsstiftenden Charakter. Im Gegensatz zu anderen Gemeinschaften sei der Einstieg in eine Szene, Scherr zufolge, sehr viel unproblematischer, da sie allen offen stünden, die eintreten möchten. Es bedürfe keiner persönlichen Beziehungen oder formellen Kriterien. Ein ehrliches und engagiertes Interesse reiche meistens aus, um Mitglied einer Szene zu werden (vgl. ebd.). Aufgrund dieses niedrigschwelligen Zugangs würden Hitzler und Niedenbacher zufolge immer mehr Jugendliche ihre Gesinnungsfreund*innen weniger in der Nachbarschaft, Schulklasse, den traditionellen Kirchengemeinden, Sport- und Freizeitverbänden und schon gar nicht in ihren Eltern finden. Sie fänden ihre Gesinnungsfreund*innen häufiger in Szenen (vgl. Hitzler/Niederbacher 2010, S. 16).

Diese Form jugendkultureller Vergemeinschaftung ist Hugger zufolge in der Gegenwart aber ohne das Internet kaum mehr vorstellbar. Ihm zufolge sind heutige Jugendkulturen deshalb auch immer digitale Jugendkulturen (vgl. Hugger 2014, S. 11). Den Stellenwert, den digitale Medien für Jugendliche haben, sollte laut Hugger aber nicht allein auf ihren technischen Aspekt reduziert werden, womit sich ihm zufolge auch die Schwäche des Begriffs der digitalen Jugendkultur offenbart. Dadurch, dass jugendliche Lebenswelten einem ständigen sozialen Wandel unterliegen, der eng mit Medien verknüpft ist und die technischen Medien »immer mehr die Orte sowie Formen der Kommunikation von Jugendlichen« (ebd., S. 14) durchdringen, könne Hugger zufolge eher von einer mediatisierten Jugend (vgl. Hugger 2014, S. 14) gesprochen werden. Denn junge Menschen haben einen besonderen Bezug zur digitalen Technologie, deren Entwicklung sie als Konsumierende in stärkerem Maße prägen, schon allein durch die Zeit, die sie täglich in die Nutzung der Angebote investieren. Sie bestimmen als konkreative Mediennutzer*innen digitale Trends und Visionen (vgl. Ferchhoff 2011, S. 366) und gestalten den kulturellen und sozialen Wandel »in Anwendung und Aneignung von digitalen Medien und Technologien« (BMSFJ 2017, S. 273) aktiv mit. Dieser Wandel ist für die gesamtgesellschaftlichen Kommunikations- und Interaktionsprozesse so prägend, dass heute von mediatisierten Welten (vgl. Krotz u. a. 2017) gesprochen wird.

Mediatisierte Welten

Mediatisierte Welten sind Krotz zufolge Sozialwelten, »in denen sich die relevanten Formen gesellschaftlicher Praktiken und kultureller Sinngebung untrennbar mit Medien verschränkt haben« (Krotz u. a. 2017, S. 2).

Die vermehrte Nutzung von Medien für jegliche Aktivitäten und Prozesse im Alltag verändert dabei laut Krotz das kommunikative Handeln. Durch die Wechselwirkung zwischen Medienwandel und kulturellem sowie sozialem Wandel eröffnen sich immer mehr und immer neuere kommunikative Möglichkeiten, die die sozialen Interaktionen und Beziehungen beeinflussen und jugendliche Vergemeinschaftungsprozesse verändern (vgl. Krotz/Iren 2014, S. 32). Krotz und Iren machen in diesem Zuge auf zwei zentrale Entwicklungen aufmerksam: Einerseits auf die Verlagerung des kommunikativen Handelns in die sozialen Netzwerke, andererseits auf die Einverleibung der digitalen Medien, insbesondere des Smartphones als »unverzichtbaren und höchst privaten Teil einer Person« (ebd.), die immer und überall erreichbar ist und ihre sämtlichen kommunikativen Praktiken digital bündelt. Der enorme Einfluss des digitalen Fortschritts führt somit zu einer neuen Dimension des sozialen Miteinanders und einer neuen Konstitution von Jugend und Jugendkulturen (vgl. ebd.).

Die fortschreitende Digitalisierung und Mediatisierung der Lebenswelt beschleunigt gleichzeitig den Aktivismus wie auch jugendliche Vergemeinschaftungsprozesse im Allgemeinen. Dadurch bekommen jugendkulturelle Konzeptionen sowie jugendliche Protestkulturen eine neue Form. Denn durch die Mediatisierung werden die Grenzen von Raum und Zeit aufgehoben und Hierarchien verworfen. Gleichzeitig werden aktive Partizipationsmöglichkeiten geschaffen, die in keinem Abhängigkeitsverhältnis zu klassischen massenmedialen Vorgaben stehen (vgl. Grunert/Deinert 2010). Grunert und Deinert zufolge sind die virtuellen öffentlichen Räume, im Gegensatz zu den physisch-realen öffentlichen Räumen, frei von erwachsenen Vorgaben und Reglementierungen. Insbesondere in den Online-Communitys als jugendspezifische Interaktionsräume stellen Erwachsene keinen Teil der geschaffenen Öffentlichkeit dar. Jugendliche können sich so durch Insiderwissen und freie kommunikative Handlungen ihre eigenen Strukturen und Welten erschließen und sich diese autonom aneignen (vgl. ebd., S. 204).

Die Vielfältigkeit an vermittelten Wert- und Lebensvorstellungen, an Stilen, Trends und Moden sowie die zahlreichen Möglichkeiten sich auf globaler Ebene digital-sozial zu vernetzen, verändern gleichzeitig die Interaktionsmuster von Jugendlichen und führen Ottersbach und Steuten zufolge zu »neuen Kommunikationsstilen, zu Modifizierung und Transformation von kulturellen Bedeutungsmustern in der Realität des Alltags« (Ottersbach/Steuten 2013, S. 12). Dadurch entstehen einerseits zahlreiche neue Szenen und Stile, die sich teils entgegenstehen und teils überlappen, also nebeneinander und miteinander existieren. Andererseits führt diese Entwicklung sowie die Vielfalt und Verbreitung jugendkultureller Ausdrucksformen laut Ottersbach und Steuten zu einer Entgrenzung, die sich in einem Stilfloating, also der Zugehörigkeit zu mehreren kulturellen Szenen, offenbart (vgl. ebd., S. 13). Das Gefühl von Zugehörigkeit sowie sinn- und identitätsstiftende Aspekte jugendkultureller Bestrebungen gestalten sich in der Gegenwart somit flexibel und scheinen ambivalent zu sein (vgl. ebd.).

Trotz dieser vielfältigen und flexiblen Szenenlandschaft sind die Jugendkulturen in Deutschland von Wensierski zufolge nach wie vor geprägt durch soziale Ungleichheiten und Ausschlussmechanismen, die sich an religiösen, kulturellen und ethnischen Merkmalen orientieren (vgl. von Wensierski 2015, S. 318). Die möglichen Gründe hierfür führt von Wensierski u.a. auf die Struktur der klassischen westlich-angelsächsischen Jugendkulturen zurück, deren ethnisch-kulturelle Ausschließungsprozesse er wie folgt darstellt:

»Gothics sind eine christlich konnotierte Jugendszene; Black Metal verweist mit seiner Satanismus-Symbolik ebenfalls auf das Christentum; Punks inszenieren einen ästhetischen Anarchismus, eine freizügige Geschlechtergleichheit und einen grundlegenden Bruch mit der Erwachsenengesellschaft; Emos stellen die dichotome Geschlechterordnung mit ihrer Androgynität in Frage; Skinheads und Kameradschaften schrecken durch ihren aggressiv vorgetragenen Ethnozentrismus Migrantenkinder generell ab; im Techno versperrt eine hedonistische Körperkultur und eine freizügig und öffentlich inszenierte Jugendsexualität jungen Muslimen den Weg« (von Wensierski 2015, S. 319).

Damit bleibt den allochthonen Jugendlichen, insbesondere denen aus den muslimischen Milieus, die Möglichkeit der Teilhabe und des Einbezugs in die deutsche Szenenlandschaft weitestgehend verwehrt. Im Gegenzug dazu orientiert sich ein großer Teil dieser Jugendlichen an »den spezifischen sozialen und kulturellen Merkmalen ihrer Alltags- und Lebenswelten« (ebd.).

3.2 Muslimische Jugendkulturen

Im Gegensatz zu den Verselbstständigungsprozessen autochthoner Jugendlicher gestalten sich die Form der Vergemeinschaftung in Peergruppen sowie die Autonomiebestrebungen muslimisch sozialisierter Jugendlicher meist nicht unabhängig vom familiären und sozialen Milieu (vgl. von Wensierski 2012, S. 220). Das bedeutet, dass der Prozess ihrer Verselbstständigung stärker durch familiäre und gemeinschaftliche Strukturen kontrolliert, reguliert und vorstrukturiert wird, weshalb von Wensierski zufolge der »Prozess der Herauslösung aus der elterlichen Fremdbestimmung zugunsten einer selbst gewählten und selbst verantworteten Lebensführung« (ebd.) sich für junge Muslim*innen als schwierig erweist. Neuere Erkenntnisse zeigen aber auch, dass viele dieser jungen Menschen anfangen, sich von der familiären Abhängigkeit zu lösen und autonom religiös zu bilden. Der 15. Kinder- und Jugendbericht verweist hier auf Studien, die darauf hindeuten, dass auch junge Muslim*innen sich »aktiv mit ihrer Religion auseinandersetzen und in diesem Prozess Aneignungs- und Abgrenzungstendenzen im Kontext des elterlichen Religionsverständnisses und der Religionspraxis vollziehen« (BMFSFJ 2017, S. 250). Frese sprach bereits Anfang der 2000er Jahre von einer ausgeprägten *Individualisierungstendenz*, nach der junge Muslim*innen elterliche Einstellungen und Lebensführung infrage zu stellen, sich von diesen zugunsten einer eigenständigen Religiosität loszulösen (vgl. Frese 2002, S. 278 ff.) sowie ein im Vergleich zu ihnen anderes Verständnis des Religiösen zu entwickeln beginnen (vgl. Gerlach 2013, S. 12). Die Lebenslagen muslimisch sozialisierter Jugendlicher, die laut Gerlach hin- und hergerissen seien »zwischen den traditionellen Vorstellungen ihrer Eltern, die aus dörflichen Verhältnissen der Türkei oder der arabischen Welt eingewandert sind, und den Anforderungen des Daseins als Jugendliche in der westlichen Gesellschaft« (Gerlach 2013, S. 12), verstärken diesen Umstand zusätzlich. So finden Gerlach zufolge viele dieser jungen Menschen »in der Hinwendung zum Islam einen guten Mittelweg« (ebd.), um dieses Dilemma zu überwinden.

Damit schaffe es die Jugend, entgegen der Annahmen, der Islam und die Moderne seien nicht miteinander vereinbar (vgl. Nagel 2001, S. 16 ff.), auch eine Form kompatibler islamischer Jugendkultur mit Fokus auf Religion und ein danach ausgerichtetes frommes, mit der Moderne zu vereinbarendes Leben zu konstituieren. Gerlach bezeichnet diese Form der Jugendkultur als *Pop-Islam*, der für den *Remix der Lebensstile* stehe, wonach die Jugendlichen westliche Mode, Musik und TV-Kultur islamisch neu interpretieren würden (vgl. Gerlach 2013, S. 14).

»Pop-Islam«

Die Zusammenführung einer traditionell-partikularen religiösen Wertestruktur mit einer modern-universalistischen Popkultur ist insofern eine innovative und vor allem neue Form von Jugendkultur, da sie sich von einem traditionell-konservativen Religionsverständnis sowie einer traditionell-konservativen Religionsauslebung loslöst und eigene Akzente setzt. Gerlach beschreibt dies wie folgt: »Sie [die Pop-Muslim*innen] versehen Musik, Talkshows und Mode mit islamischem Vorzeichen und eignen sie sich dadurch an. Fünf Mal am Tag beten und fasten im Monat Ramadan, das ist nicht mehr nur was für alte Leute und Langbärte. Seit es diese schicken neuen Kopftücher und die Sweatshirts mit Dawa-Aufdruck gibt, kann es sogar richtig cool sein, an Gott zu glauben« (Gerlach 2013, S. 16).

Mit dem Aufkommen eines juvenilen Ausdrucks wurden der Islam und der Glaube an Gott zur Grundlage einer mit etablierten jugendlichen Vergemeinschaftungsstrukturen gleichwertigen und alternativen Jugendkulturszene. Junge Muslim*innen hatten nun die Möglichkeit »auf denselben Fundus der westlich-angelsächsischen Jugendstile« zurückzugreifen, diesen »aber zugleich auf der Basis einer ethnisch-kulturellen Bricolage mit spezifischen Bedeutungen« (von Wensierski/Lübcke 2012, S. 73) aufzuladen, wodurch sich eine pluralistische Szenenlandschaft mit spezifischen Gruppen- und Freizeitstilen unter dem Vorzeichen einer übergeordneten islamischen Jugendkultur herausgebildet hat (vgl. ebd., S. 73). Muslimisch-religiöse Gemeinschaften wie auch muslimisch geprägte Freundescliquen erfüllen hierbei eine bedeutende Funktion. Als stabile und dauerhafte Kommunikations- und Interaktionsnetzwerke sind sie nicht nur strukturbildend, sondern dienen auch als *Gegenwelt, Zufluchts- und Schutzraum* (vgl. Frese 2002, S. 278 ff.). Gleichzeitig prägen sie die Jugendlichen und ihre Weltbilder durch die fortführende Vermittlung und Auslebung traditionell-konservativer und religiöser Wertestrukturen, wodurch junge Muslim*innen trotz ihrer Autonomiebestrebungen, stark unter dem Einfluss ihrer Erziehungs- und Sozialisationserfahrungen bleiben (vgl. von Wensierski 2012, S. 220 ff.). Von Wensierski und Lübcke sprechen in diesem Zusammenhang von einem *muslimischen Habitus*, der neben der *sozialen Lage als Migrantenjugendliche*, der *ethnisch-kulturellen Identität* und dem *Geschlecht* eins von vier zentralen Strukturmerkmalen ist, die die Wahl der jugendkulturellen Szene regulieren (vgl. von Wensierski/Lübcke 2012, S. 74).

Diskriminierung und Jugendkulturen

Die soziale Lebenslage als Migrantenjugendliche gründet auf einer Lebenswelt, die geprägt ist durch Diskriminierung und Ausschluss. Junge Menschen, die sich in einer solchen Lebenslage befinden, schließen sich meist zu *männlich dominierten ethnischen oder multiethnischen Cliquen* (vgl. Tertilt 1996, S. 19; von Wensierski/Lübcke 2012, S. 74) zusammen. Innerhalb dieser Konstellationen können sich als Gegenreaktion zu und Kompensation von erlebter Diskriminierung und Gewalt deviante und delinquente Verhaltensmuster gegenüber anderen Gruppen entwickeln und etablieren (vgl. Toprak 2016, S. 53). Beispielhaft für solch eine Jugendclique ist die von Tertilt Mitte der 1990er Jahre untersuchte Jugendbande der *Turkish Power Boys*, die »in eine Jugendbewegung der zweiten, vorwiegend türkischen Einwanderergeneration« (Tertilt 1996, S. 19) eingebettet waren und deren Umgang mit Ausgrenzung sich in der *gewaltsamen Erniedrigung* der Angehörigen der *hegemonialen Kultur* und damit der Erlangung einer *situativen Dominanz und Überlegenheit* ihnen gegenüber äußerte (vgl. Meuser 2010, S. 127).

Die *ethnisch-kulturelle Identität* gründet auf einem kollektiven, kulturellen, nationalen und/oder religiösen Zugehörigkeitsverständnis, das sich durch Erfahrungen mit Diskriminierung und Ausschluss so weit verstärkt, dass die Bindung an Traditionen bedeutend für die eigene *Identitätssicherung* wird (vgl. Beck-Gernsheim 2007, S. 23). Dieser Prozess der *Re-Traditionalisierung* und/oder *Re-Ethnisierung* (vgl. ebd.) kanalisiert die Jugendlichen entweder in ethnisch-homogene oder aber multiethnische Jugendkulturen (vgl. Tertilt 1996, S. 19; von Wensierski/Lübcke 2012, S. 74). Für das erstere stehen die Mitgliedschaft und das Engagement in »vielschichtigen ethnischen Vereinsszenen [...], [die] von folkloristischen Musik- und Tanzgruppen, lokalen Kulturvereinen bis zu Sport- und politischen Vereinen« (von Wensierski/Lübcke 2012, S. 74) reichen. Die multiethnische Ausrichtung fände sich indes vor allem im Hip-Hop, der »maßgeblich auch von türkischen Jugendlichen und jungen Erwachsenen als Teil einer multiethnischen Gemeinschaft adaptiert und weiterentwickelt« (ebd., S. 80) wurde und aufgrund seiner Ambivalenzen und seiner patriarchal-machistischen Inszenierungen besonders geeignet sei, »soziale Identitäten und ritualisierte Anerkennungsformen für diskriminierte und marginalisierte ethnische Minderheiten der Gesellschaft zu entwerfen und bereit zu stellen« (ebd.).

Das Strukturmerkmal *Geschlecht* macht deutlich, dass der Großteil muslimischer Jugendkulturen männlich dominiert ist und bis auf wenige Ausnahmen, in denen Mädchen und junge Frauen innerhalb derselben Szenen aktiv sind, ihre Mitglieder überwiegend aus jungen Männern bestehen. Es gäbe wenige etablierte, annähernd geschlechterparitätische oder weiblich dominierte muslimische Jugendkulturszenen, die in ihrer Ausprägung ebenso vielschichtig sind, wie die von männlich dominierten muslimischen Jugendkulturszenen (vgl. Nökel 2002; von Wensierski/Lübcke 2012). Exemplarisch können hier die von Keim untersuchte Clique der *türkischen Powergirls* (vgl. Keim 2008) und die von Nökel erforschte Bewegung der *Neo-Muslima* (vgl. Nökel 2002) erwähnt werden. Bei den türkischen Powergirls handelt es sich, laut Keim, um »eine Gruppe von Mädchen, die noch in der Migrantenpopulation verwurzelt ist, sich aber auf dem Weg nach ›draußen‹ befindet und an der Herausbildung eines eigenständigen Selbstbildes arbeitet« (Keim 2008, S. 14). Die Autonomiebestrebungen stehen dabei in einem, für die Herausbildung des *Powergirl-Stils* prägsamen Spannungsverhältnis zu den familiären Restriktionen auf der einen und mehrheitsgesellschaftlichen Diskriminierungsmechanismen auf der anderen Seite (vgl. Keim 2008, S. 15). Im Gegensatz zu den türkischen Powergirls handelt es sich bei den *Neo-Muslima* Nökel zufolge um eine Gruppe von jungen *neo-muslimischen* Frauen, die sich innerhalb der konservativ-traditionellen religiösen Ordnung emanzipiert und eigene Nischen geschaffen sowie ihre Religiosität mit modernen Elementen versehen haben und dies nach außen mit einem starken Selbstbewusstsein repräsentieren (vgl. Nökel 2002. S. 16). Dabei unterscheidet Nökel zwischen

> »zwei Fraktionen unter den neo-islamischen Frauen […], die Strengeren, die für eine striktere Selbstunterwerfung und eine stärkere Bindung an die Quellen plädieren, und die Lockereren mit einer weiteren Dehnung in der Auslegung, die mehr an einer Verzahnung mit weltlichen Bedingungen orientiert sind« (Nökel 2002, S. 311).

Trotz ihrer unterschiedlichen religiösen Ausrichtung verbindet beide Fraktionen eine Neuverortung des Selbst innerhalb der religiösen Gemeinschaft wie auch der *modernen* Gesellschaft (vgl. Nökel 2002, S. 67f., 101f.).

Genauso wie bei den männlich dominierten Jugendkulturszenen ist auch bei den Neo-Muslima und den türkischen Powergirls der *muslimische Habitus* prägend und orientierungsstiftend. Gleichzeitig sind von Wensierski und Lübcke zufolge Jugendszenen, die unter dem Strukturmerkmal des muslimischen Habitus verortet werden können, Bereiche, in denen am ehesten »eigenständige weibliche Jugendgruppen und Jugendkulturen unter den Muslimen auszumachen sind« (von Wensierski/Lübcke 2012, S. 75). Zudem strukturiert das Strukturmerkmal des muslimischen Habitus »ein ganzes Spektrum religiöser, religiös-kultureller bzw. religiöspolitischer Jugendszenen« (ebd.), weshalb er als eine Art Schnittstelle zwischen all den muslimischen Jugendkulturszenen oder auch als Sammelbecken dieser verstanden werden kann. Bei der Auseinandersetzung mit und der Beschreibung einer salafistischen Jugendkulturszene ist die Bezugnahme auf den muslimischen Habitus deshalb sehr hilfreich. Denn dieser strukturiert und reguliert solche, die »von den lokalen Moscheevereinen und Jugendgruppen in den islamischen Gemeinden, über bundesweite islamische und islamistische Jugend- und Erwachsenenorganisationen wie z.B. Milli Görüş oder die relativ neue global agierende islamische Szene des ›Pop-Islam‹ […], bis zu den antiwestlichen oder antimodernen Gruppierungen eines politischen Islamismus« (ebd., S. 75) reichen.

3.3 Salafismus als Zeichen der Desintegration?

Ein bedeutender Aspekt bei der Konstituierung von Jugendkulturen im Allgemeinen ist, wie oben bereits beschrieben, der Vergemeinschaftungsprozess, ohne dessen die Jugend keine Trends und Stile zu begründen und keinen gewichtigen gesellschaftlichen Einfluss auszuüben fähig wäre (vgl. Spranger 1955; Ziemer 1969; Kraushaar 2018; Roth 2018). Neben dem Prozess jugendlicher Vergemeinschaftung spielen ebenso gemeinschaftliche Zugehörigkeiten und Zugänge zu entsprechenden Wertestrukturen als Vorbedingung der Entfaltung eigener Weltsichten eine bedeutende Rolle (vgl. Maase 2013).

> Konkret bedeutet das, dass die Wert- und Normvorstellungen, die sowohl durch die primären wie auch die sekundären Sozialisationsinstanzen vermittelt werden, auch für salafistische Jugendliche als Grundlage für Selbstkonzeptionen dienen und sie entsprechend der vermittelten Vorstellungen und Weltsichten in andere Sozialisationsinstanzen kanalisieren. Damit sind grundlegende gemeinschaftliche Wert- und Normvorstellungen, Sichtweisen und das Zugehörigkeitsempfinden bedeutende Punkte bei den salafistisch-jugendkulturellen und -szenischen Aspekten (vgl. von Wensierski 2012; Frindte u. a. 2011; Sürig/Wilmes 2015; Uslucan 2017).

Mit Gemeinschaft sind auch *posttraditionelle Gemeinschaften*, die Hitzler Szenen nennt (vgl. Hitzler u. a. 2008), gemeint. Diese vermitteln ein ebenso starkes Zugehörigkeitsempfinden wie die traditionellen und physisch fassbaren Gemeinschaftsstrukturen. Sie münden zumeist auch in physisch-reale Zusammenschlüsse und realen Zusammenhalt (vgl. Hitzler u. a. 2008). Dies ist bei vielen salafistischen Jugendlichen gut zu beobachten. Sie bezeichnen sich als gläubige Muslim*innen, haben teils sehr strenge bis radikale religiöse Vorstellungen, sind meistens an keinen oder einen ganz bestimmten religiösen, kulturellen oder Moscheeverein angebunden, organisieren sich meist über das Internet und/oder persönliche Kontakte oder schließen sich salafistischen (Szenen-)Organisationen bzw. selbstaktiven Gruppen an. Ihr Vergemeinschaftungsparadigma baut einerseits auf einem starken religiösen Zugehörigkeitsempfinden auf, der ihnen ein Gefühl von Zusammenhalt vermittelt, das ein zentrales Element bei der Priorisierung und Bedeutung von Gemeinschaft darstellt. Damit sind auch der unterstützende und stärkende Rückhalt gemeint, die eine Zugehörigkeit zu und Identifikation mit einer Gruppe von Gleichgesinnten und den gemeinschaftlichen Werten und Normen begründen.

Andererseits legitimieren sie ihre Gemeinschaftszugehörigkeit durch die Abgrenzung von anderen Gruppen. Hierunter fallen auch muslimische Gemeinschaften, die ein anderes Verständnis vom Islam bzw. eine andere religiöse Ausrichtung haben. Zumeist geht diese Abgrenzung mit einer Aufwertung der Eigengruppe durch die Abwertung der Fremdgruppe einher. Die Aufwertung sowie das positive Gemeinschaftsgefühl basieren dabei größtenteils auf dem Fundament religiöser Lebensentwürfe, Überzeugungen und Einstellungen, die als Bedingungen und Faktoren für die Heroisierung der Eigengruppe angesehen werden. Die Verortung des Selbst und der Eigengruppe wird im Vergleich zum fehlerhaften Anderen definiert und als richtig, wahrhaftig und positiv stilisiert. Dies ist gleichzeitig eine Form von Bewältigung erlebter Kränkungen, die sich in der Lebenswelt dieser Jugendlichen unterschiedlich zeigen kann. Zumeist beginnt dies durch eine Disbalance, die sich aus dem Konflikt zwischen der Bewahrung der familiären Werte und Normen, die sich an anderen gesellschaftlichen und religiösen Wertestrukturen orientieren, und der Partizipation mit den Werten und Normen der Gesellschaft, in der sie leben, ergibt. Hinzu kommt der Umgang mit sozialen Ereignissen, Krisen und Problemen, der sich entsprechend vielfältig und unterschiedlich gestalten kann (vgl. Hurelmann/Quenzel 2012, S. 79). Denn die sozialen Verhältnisse, worunter jegliche Form sozialer Beziehungen fallen, die sozioökonomischen Aspekte wie Berufstätigkeit, Status etc. und die sozialstrukturellen Faktoren, z. B. die Einbettung in gemeinschaftliche und gesellschaftliche Strukturen, Institutionen und Einrichtungen, haben einen großen Einfluss auf ihre Entscheidungen und weiteren Lebensverläufe (vgl. ebd.). Wenn zusätzlich auch soziale Schieflagen in die familiäre Krisen, instabile Beziehungen und Bindungsstörungen genauso fallen wie gesellschaftliche Stigmatisierung, Diskriminierung und Diskreditierung, hinzukommen, können Frustration, Ohnmachtsempfinden und allgemein negative Empfindungen ausgelöst und/oder verstärkt werden (vgl. Benslama 2017, S. 35). Zur Bewältigung solcher Erlebnisse fangen diese jungen Menschen an, verschiedene Strategien zu entwickeln, die von Apathie bis hin zu aktivem Protestverhalten reichen können (vgl. Toprak 2016, S. 69 ff.).

Laut Toprak sind vor allem Jugendliche mit Migrationshintergrund, besonders aber muslimische Jugendliche solchen Benachteiligungen und Diskriminierung ausgesetzt. Die erfahrenen Ausschlussmechanismen führen ihm zufolge dazu, dass die jungen Menschen, die sich häufig als halb-deutsche, halb-muslimische Hybride verorten (vgl. ebd.), in ein Identitätsdilemma geraten, da die Anerkennung seitens der nicht-muslimischen Mehrheitsgesellschaft fehlt. Beck-Gernsheim zufolge ist diese Nicht-Akzeptanz die Folge von schlichten, vereinfachenden und stereotypisiert vorherrschenden Bildern über die Muslim*innen in der Öffentlichkeit (vgl. Beck-Gernsheim 2007, S. 11). Diese Bilder ziehen laut Beck-Gernsheim bedeutende politische Folgen nach sich: »Wer vorwiegend auf Darstellungen trifft, in denen die Migranten sehr fremd, sehr exotisch, sehr anders erscheinen, der wird umso eher ein Gefühl der Bedrohung entwickeln« (ebd., S. 12). Dieses Bedrohungsgefühl führt in den allermeisten Fällen zu der Steigerung sozialer Ängste und Abwehrreaktionen, die Ablehnungs- und Ausschlusshandlungen zur Folge haben und in eine Stigmatisierung junger Muslim*innen münden können (vgl. Logvinov 2017, S. 9). Goffman spricht hier von einem phylogenetischen Stigmata und meint damit die negative Kategorisierung von Menschen aufgrund ihrer ethnischen, nationalen und/oder religiösen Merkmale (vgl. Goffman 2018, S. 13).

> **Stigma**
>
> Dem Wörterbuch der Soziologie zufolge ist ein Stigma ein »physisches, psychisches oder soziales Merkmal, durch das eine Person sich von allen übrigen Mitgliedern einer Gruppe (oder Gesellschaft) negativ unterscheidet und aufgrund dessen ihr soziale Deklassierung, Isolation oder sogar allg. Verachtung droht (Stigmatisierung)« (Hillmann 2007, S. 864). Goffman beschreibt dies folgendermaßen: »Ein Individuum, das leicht in gewöhnlichen sozialen Verkehr hätte aufgenommen werden können, besitzt ein Merkmal, das sich der Aufmerksamkeit aufdrängen und bewirken kann, daß wir uns bei der Begegnung mit diesem Individuum von ihm abwenden, wodurch der Anspruch, den seine anderen Eigenschaften an uns stellen, gebrochen wird. Es hat ein Stigma, das heißt, es ist in unerwünschter Weise anders, als wir es antizipiert hatten« (Goffman 2018, S. 13). Das bedeutet, dass diskrepante Eigenschaften und Merkmale, im Gegensatz zu denen, die potentiell verbindend sind, mehr Gewicht bekommen und die Interaktion dementsprechend nachhaltig negativ prägen.

Ein wesentlicher Grund liegt hier in der mehrheitsgesellschaftlichen Erwartungshaltung. Toprak spricht von einem Assimilierungsdruck, durch den die elterlich sowie gemeinschaftlich vermittelten kulturell-religiösen Werte und Normen der jungen Muslim*innen in den Hintergrund gedrängt werden sollen (vgl. Toprak 2016, S. 71). Das daraus hervorgehende Spannungsverhältnis zwischen gesellschaftlicher Erwartung auf der einen und familiärer Loyalität auf der anderen Seite kann bei Betroffenen die Bildung einer negativen Identität nach sich ziehen. Dies verstärkt in der Konsequenz Minderwertigkeitsgefühle, die zu einem negativen Selbstbild verinnerlicht werden und abweichendes Verhalten als Lösungsstrategie eines bewussten oder unbewussten Identitätskonflikts zur Folge haben (vgl. ebd.).

4 Die Rolle der Sozialen Arbeit

Die Ursachen salafistischer Radikalisierung basieren auf multifaktoriellen Bedingungen. Das bedeutet, dass die einzelnen Aspekte, die bei dem Radikalisierungsprozess eine Bedeutung spielen, sich nur entsprechend entfalten können, wenn sie in ein Geflecht von Risikobedingungen eingebettet sind. So sind Gemeinschaft oder Peergruppe noch lange keine Risikofaktoren für sich, sondern werden erst zu solchen, z. B. in Verbindung mit Diskriminierungserfahrungen, lebensweltlichen Krisensituationen, familiären Konflikten, der Suche nach Sinn, Orientierung und Halt etc. Das bedeutet, dass erst die Zusammenkunft und Kombination mehrerer Faktoren in einen Prozess münden können, der sich in radikalen Sichtweisen, Haltungen und Handlungen äußert.

Die Feststellung, wann und unter welchen Bedingungen das Zusammentreffen mehrerer Risikofaktoren zur Radikalisierung in religiösen oder auch politischen Strukturen führen können, ist eine große Herausforderung, vor der die Soziale Arbeit steht. Eine wichtige Erkenntnis ist, dass nicht nur einzelne Ursachen fokussiert werden können, sondern der Blick auf die Verhältnisse und größeren Zusammenhänge gerichtet werden muss. Dabei stehen die politischen und pädagogischen Perspektiven in einem bedeutenden Wechselverhältnis zueinander. Denn Entscheidungen und Handlungen der einen Ebene haben direkte oder indirekte Auswirkungen auf die andere. Politik schreibt nicht nur den gesetzlichen Rahmen fest, sondern ist auch für das Meinungs- und Stimmungsbild der Gesellschaft maßgeblich mitverantwortlich. Dies hat Auswirkungen auf das pädagogische Handeln, das sich innerhalb des festgelegten gesetzlichen Rahmens und politischen Meinungsbildes bewegt. Umgekehrt können pädagogische Themen und Erkenntnisse, politische Entscheidungen mit beeinflussen, entsprechende Gesetze in die Wege leiten und Sichtweisen neu definieren (vgl. Benz u. a. 2013).

Der Fokus auf die Wechselbeziehung dieser beiden Bereiche ist insofern bedeutend, da sie

1. mehrere Aspekte umfasst,
2. eine Entwicklungslinie hin zur salafistischen Radikalität aufzeigen kann und
3. viele sich radikalisierende Jugendliche betrifft.

Das Gefühl, sich einer Gemeinschaft zugehörig zu fühlen und sich mit dieser identifizieren zu können (a), ist für die jungen Menschen und ihre jugendliche Entwicklung von großer Bedeutung. Denn Zugehörigkeit vermittelt Sicherheit und hat eine soziale Ordnungsfunktion. Wird die Zugehörigkeit zu einer Gemeinschaft oder Gesellschaft aufgrund der religiösen und/oder kulturellen Wertorientierungen in Form tagtäglicher primärer und/oder sekundärer Erfahrungen mit sozialem Ausschluss und Diskriminierung (b) hinterfragt oder abgelehnt, führt dies in den allermeisten Fällen zu einem Gefühl fehlender sozialer Akzeptanz und Anerkennung, die sich trotz der Tatsache, in Deutschland geboren zu sein, die deutsche Staatsangehörigkeit zu besitzen und sich hier beheimatet zu fühlen, zeigt und zu einem großen Identitätsdilemma (c) führt. Die Frustration und das Ohnmachtsempfinden darüber sind entsprechend groß und äußern sich in dem sozialen Rückzug (d) in das religiöse und kulturelle Herkunftsmilieu als Strategie der Bewältigung von Ablehnung sowie der damit einhergehenden, aber auch davon unabhängigen lebensweltlichen Krisenzuständen (e). Viele junge Menschen, die sich in den salafistischen Strukturen radikalisierten, haben genau diese Entwicklungslinie durchgemacht, weshalb hier ein wichtiger Hinweis für das Verständnis des salafistischen Radikalisierungsprozesses zu sehen ist.

> Die zentralen Fragen lauten deshalb: Wie kann diese Entwicklungslinie politisch und pädagogisch durchbrochen werden? Welche Maßnahmen und Angebote können dazu beitragen, dass gesellschaftliche Zugehörigkeit unabhängig von den religiösen und kulturellen Wertorientierungen und Präferenzen beständig bleibt?

Die seit Jahrzehnten geführten und bis heute zu keinem Ergebnis gekommenen politischen Debatten darüber, ob der Islam und die Muslim*innen zu Deutschland gehören oder nicht verstärken das Gefühl der Ablehnung und Nicht-Zugehörigkeit. Die politischen Überzeugungen und Haltungen in der Gesellschaft gehen bei diesem Thema ebenso weit auseinander wie auch die der verantwortlichen politischen Würdenträger*innen, deren Statements und Entscheidungen großen Einfluss auf institutionelle Strukturen, mediale Berichterstattungen, gesellschaftliche Stimmungsbilder sowie individuelle Einstellungen haben (vgl. Datenreport 2021).

Eine moderne, pluralistische und heterogene Gesellschaft sollte Vielfalt nicht nur tolerieren, sondern sie in ihren Strukturen und Diskursen abbilden. Das bedeutet, dass Debatten über eine vermeintliche *Leitkultur* und *Differenzkonstruktionen* nicht nur nicht zielführend sind, sondern auch der gesellschaftlichen Pluralität und Vielfalt nicht gerecht werden. Dieser Pluralismus sei laut Figl auch historisch begründet. Ihm zufolge seien *abendländische Kulturen* schon immer durch »eine Mehrzahl von unterschiedlichen Religionen, sowohl zu gleicher Zeit als auch sukzessiv, [...] geprägt [worden] [...], so dass Pluralismus [...] in allen Phasen der Geschichte der europäischen Kultur anzutreffen war« (Figl 2012, S. 14). Die Anerkennung und Akzeptanz dieser Vielfalt auch in der Gegenwart könnte eine wichtige politische Perspektive begründen und als richtungsweisende Botschaft der politischen Repräsentanz ein Bekenntnis zu jener Vielfalt, die unterschiedliche Glaubenssysteme und Religionen, zu denen auch der Islam gehört, als zur Gesellschaft zugehörig und gleichwertig betrachtet, ablegen. Dies würde sowohl viele Chancen und Möglichkeiten eines konstruktiven Miteinanders eröffnen wie auch die Integrität und Weiterentwicklung der unterschiedlichen religiösen Glaubenssysteme voranbringen.

Ankerkennung der Islams

Eine offizielle politische Anerkennung des Islams als zu Deutschland zugehörig könnte für viele Gläubige ein offizielles Statement für soziale Anerkennung und Gleichberechtigung bedeuten, die gegenseitige politische sowie gesellschaftliche Akzeptanz fördern und den Islam in das religiös-institutionelle und etablierte Gefüge der Gesellschaft aufnehmen und damit ihre institutionell-strukturelle Weiterentwicklung und Anpassung fördern. Diese könnte sich z. B. in der Anerkennung als Körperschaft des öffentlichen Rechts äußern, womit die Moscheeverbände die Möglichkeit hätten, Steuern zu erheben und sich finanziell unabhängiger vom Ausland zu machen (vgl. Muckel 2017, S. 79), oder in der Integrierung des islamischen Religionsunterrichts in die reguläre Stundentafel wie im Falle des evangelischen oder katholischen Religionsunterrichts (vgl. Grundgesetz Art. 7, Abs. 3), um nur einige Beispiele zu nennen. Solche politischen und rechtlichen Maßnahmen werden zwar nicht alleine gesellschaftliche Zugehörigkeit neu bestimmen oder zu einem Ende von Erfahrungen mit Diskriminierung und sozialem Ausschluss beitragen. Sie werden aber eine Grundlage der sozialen Anerkennung schaffen, die die soziale Wahrnehmung perspektivisch umkehren und sich mit den Folgegenerationen etablieren könnte. Das bedeutet, dass der Islam und die Muslim*innen nicht mehr als nicht-zugehörig, fremd und bedrohlich, sondern als Teil der großen Gemeinschaft und gesellschaftlichen Realität wahrgenommen werden. Muslim*a zu sein könnte dann, genauso wie christlich, jüdisch oder unreligiös zu sein, zu einem Selbstverständnis werden, die Zugehörigkeit zur Gesamtgesellschaft zementieren und damit den jungen Gläubigen ein Identitätsdilemma ersparen sowie ihren Frust mindern und im besten Fall ihrem sozialen Rückzug entgegenwirken.

Eine offizielle Anerkennung, die mit entsprechenden staatlichen Budgetverfügungen einhergeht, kann ebenso dazu beitragen, dass die Verbindungen der hier ansässigen Moscheeverbände zu ausländischen staatlichen Institutionen oder Religionsministerien obsolet werden könnte (vgl. Muckel 2017, S. 79). Denn Religionen sind Staaten übergeordnete Sinnsysteme, deren Fundamente (die heiligen Schriften und Gebote) eine Glaubensgrundlage für jede*n Gläubige*n bilden, unabhängig von der Sprache und der Region, in der sie praktiziert werden. Sie sind aber gleichzeitig eingebettet in die Realität der jeweiligen kulturellen und traditionellen Gemeinde- und Gesellschaftsstrukturen, weshalb sie auch regionale Unterschiede aufweisen und anpassungsfähig sind (vgl. Maier 2018).

Die entsprechende institutionelle Einbettung und Regulierung könnte einerseits ein zu Deutschland und seiner gesellschaftlichen Realität passendes Islamverständnis hervorbringen und damit für religiöse Transparenz und ein besseres Verständnis sorgen. Andererseits könnte diese Entwicklung den radikalen bis extremistisch-islamistischen Gruppen ihre Legitimationsgrundlage nehmen, die auf dem Feindbild Islam und der institutionellen und gesellschaftlichen Diskriminierung, Diskreditierung und Abwertung gründet, die islamistische Gruppen nutzen, um Bedrohungsszenarien zu schüren und sich als Behüter des Glaubens zu stilisieren. Um den

Effekt und die Auswirkungen dieser Form der Propaganda einzudämmen, müssten parallel zu den institutionellen Einbettungsprozessen der Religion entsprechende politische Gegenmaßnahmen (weiter-)entwickelt werden. Diese können die Entwicklung von Gegennarrativen, Erweiterung der Angebote zur politischen Bildung, engere Kooperation mit religiösen und Moscheeverbänden und stärkere Kontrolle Islamistischer Strukturen beinhalten.

Auch die Regulierung und Kontrolle von Social-Media-Plattformen könnten ein wichtiger Beitrag zur Eindämmung der Verbreitung radikaler und extremistischer Weltbilder und der digitalen Propaganda radikaler bis extremistischer Gruppen sein. Denn das Internet und die Nutzung von Social Media ist, wie aus den Erkenntnissen vieler Studien hervorgeht, ein sehr einflussreicher Faktor für individuelle und auch gemeinschaftliche Radikalisierungsprozesse vor allem jener jungen Menschen, die von sozialem Ausschluss betroffen sind. Die soziale Anerkennung und Einbeziehung in soziale Entscheidungs- und Interaktionsprozesse sowie die gleichberechtigte Teilhabe an diesen könnten ein bedeutendes Gegengewicht darstellen und dem Einfluss radikaler bis extremistischer Propaganda den Nährboden entziehen.

Damit die soziale Teilhabe aber funktionieren kann, ist es bedeutend, dass das soziale, familiäre und gemeinschaftliche Umfeld der muslimischen Jugendlichen ebenfalls zu einem Teil derselben gesellschaftlichen Realität werden. Dazu gehört vor allem die Identifikation mit der Gesellschaft, in der sie leben. Dies ist stets mit einem Prozess verbunden, der politisch, aber auch pädagogisch aktiv begleitet werden muss und auf lange Sicht nur funktionieren kann, wenn der Islam und die Muslim*innen rechtlich und politisch sowie als Teil der gesamtgesellschaftlichen Realität anerkannt werden. Für ein konstruktives gesellschaftliches Miteinander auf Augenhöhe bedarf es daher in erster Linie einer Kultur der Verständigung, die durch die Schaffung von Begegnungsmöglichkeiten auf Grundlage der Annäherung in der alltäglichen Lebenswelt, die laut Schütz der »Archetyp unserer Erfahrung der Wirklichkeit« (Schütz 1971, S. 267) ist, sich konstituieren kann. Dieser Raum der Begegnung wird hier als Partizipationsfeld bezeichnet.

> **Partizipationsfeld**
>
> Partizipationsfelder sind diesem Verständnis nach, Räume, die sich durch intersubjektive Verständigung und interaktiven Austausch (neu) konstituieren und einen weitestgehend neutralen Status haben. Weitestgehend deshalb, weil jeder soziale Raum in eine ihm übergeordnete soziale Ordnung eingebettet (vgl. Bourdieu 2016, S. 9 ff.), dennoch ihre eigenen Regeln und Wertestrukturen zu konzipieren fähig ist. Partizipationsfelder haben das Potential, jedes einzelne Individuum in eine Interaktionssituation einzuschließen, vorausgesetzt ihre Strukturen sind offen, dynamisch und flexibel, im Sinne von anpassungsfähig sowie empfänglich für neue politische und/oder religiöse Ideen, Weltsichten und kulturelle Wertorientierungen. Partizipationsfelder können sich an verschiedenen Orten etablieren. So können Freizeit-, Kultur- und Sportvereine, Schulklassen, Nachbarschaften, Arbeitsplätze, Stammlokale und weitere alltägliche Begegnungsstätten, also prinzipiell alle Orte, in denen ein dauerhaftes

Zusammentreffen zwischen Individuen möglich ist, als potenzielle Partizipationsfelder fungieren.

Durch den interaktiven, kategorien- und milieuübergreifenden Austausch können sich innerhalb der Partizipationsfelder gemeinsame, auf neuen Werten, Regeln und Codes basierende Strukturen herausbilden, die sich zu einer Grundlage des Zusammenlebens in dem Feld und zu einem Wir-Gefühl entwickeln können. Damit schaffen Partizipationsfelder eine Möglichkeit der Herausbildung einer dauerhaften und eigenständigen dynamischen Kultur der Verständigung, die hier als Kultur der Teilhabe bezeichnet wird.

Die Kultur der Teilhabe kann auf unterschiedlichen Wertvorstellungen, die eine gleichberechtigte Existenz im Feld begründen, aufbauen, sich einzelnen Aspekten und Elementen daraus bedienen und in der Synthese dieser eine Konstitutionsgrundlage für neue Wertestrukturen und -muster bilden. Damit dies funktionieren kann, müssen bestehende Dominanzverhältnisse, Etabliertenvorrechte, Ungleichwertigkeitsvorstellungen und soziale Hierarchien hinterfragt und überwunden werden. Nur so besteht die Möglichkeit der Konstitution neuer *Objektivationen* und damit etablierter, legitimierter und institutionalisierter Strukturen (vgl. Berger/ Luckmann 2018). Mit Blick darauf können eine Vielfalt an Wertorientierungen, Aktivitäten und Erfahrungen als gemeinsame Schnittstellen, die eine wichtige Grundlage für jene Kultur der Teilhabe bilden können, gekennzeichnet werden. Im Fokus sollten demnach nicht die Unterschiede, sondern die Gemeinsamkeiten stehen. Dabei geht es nicht um ein Vereinheitlichungsbestreben, sondern um einen Perspektivenwechsel, der ausgehend von der Suche nach gemeinsamen Wertorientierungen, Lebensentwürfen und Weltsichten sich auf die religiösen und kulturellen Eigenarten bezieht und in Form von interreligiöser und interkultureller Dialogbereitschaft eine Grundlage für einen konstruktiven Umgang mit dieser Diversität schafft. Pädagogisch kann dies mit der Schaffung von Partizipationsfeldern in der alltäglichen Lebenswelt und in etablierten Strukturen begleitet und vorangebracht werden.

4.1 Handlungsfeld Schule

Bereits in den Kindertagesstätten können pädagogische Angebote ausgebaut oder neue etabliert werden, die den interkulturellen und interreligiösen Dialog fördern, den Kindern die Selbstverständlichkeit von gesellschaftlicher Vielfalt und Pluralität vermitteln und die Eltern im Rahmen ihrer Möglichkeiten aktiver in ein Netzwerk einbetten. Es könnten Aktivitäten, wie interreligiöse und interkulturelle Feste organisiert, Projekte mit Fokus auf Vielfalt und Pluralität, wie der Einbezug von internationalen Kinderliedern sowie Geschichten und Märchen aus aller Welt initiiert oder auch Angebote zur politischen Bildungsarbeit im Kindergarten zu den

Themen Diversity, Anti-Rassismus und Anti-Diskriminierung in Zusammenarbeit mit pädagogischen Institutionen und Bildungseinrichtungen erstellt und mit Projekten und pädagogischen Angeboten an Schulen fortgesetzt werden. Bestehende Konzepte wie »Schule ohne Rassismus – Schule mit Courage« (Sor-Smc) oder ähnliche können daran anschließend als flankierende Angebote neue Prozesse und Projekte gut unterstützen.

> Schule ist sowohl ein bedeutender Erfahrungsraum, der einen Großteil des jugendlichen Alltags bestimmt, als auch der einzige Ort, an dem Jugendliche verschiedener sozialer, kultureller, nationaler und religiöser Herkunft über einen längeren Zeitraum stetig aufeinandertreffen (vgl. Kiefer 2015). Diese Vielfalt stellt die Schule vor die große Herausforderung, sich adäquat mit den daraus resultierenden vielfältigen Bedürfnissen, Ressourcen und sozialen Problemlagen auseinanderzusetzen.

Als Abbild der gesellschaftlichen Realität steht Schule gleichzeitig in ständiger Wechselwirkung mit sozialen und politischen Entwicklungen und Ereignissen, die das soziale Miteinander prägen. Gesellschaftliche Debatten, Diskurse und Trends haben daher einen ebenso starken Einfluss auf den schulischen Alltag wie auch Themen und Problemlagen, mit denen sich Jugendliche in ihrer Freizeit oder im Privaten auseinandersetzen. Im Bereich präventiver Arbeit ist Schule aus diesem Grund ein wichtiges Handlungsfeld.

Schulsozialarbeit

> Neben dem Engagement von Schulleitung und Lehrkräften ist insbesondere die Schulsozialarbeit, die eine Schnittstelle zwischen Schule und Kinder- und Jugendhilfe bildet, eine bedeutende Akteurin. Sie kann Projekte initiieren, Kooperationen mit außerschulischen Einrichtungen eingehen, Soziale Trainingseinheiten in einzelnen Klassen durchführen und eng mit der Schulleitung abgestimmt stetige Angebote, wie AGs oder Schulparlamente aufbauen, um Schüler*innen ein besseres Verständnis demokratischer Prozesse und die Bedeutung gleichberechtigter sozialer Teilhabe zu vermitteln (vgl. Speck 2022, S. 82 ff.; Schlosser/Plogsties 2006).

Gleichzeitig bieten Schulsozialarbeiter*innen die Möglichkeit, Hilfestellungen für alle Kinder und Jugendlichen, die u. a. von sozialen und familiären Krisen, fehlenden Lebens- und Ausbildungsperspektiven, Gewalterfahrungen etc. betroffen sind, zu leisten. Sie können dabei sowohl eigene als auch Angebote der Kinder- und Jugendhilfe miteinander kombinieren, um ein breites Hilfsangebot zu schaffen, das bei der Radikalisierungsprävention eine wichtige Rolle spielt (vgl. Kiefer 2015). Ein wesentlicher Schwerpunkt der schulsozialarbeiterischen Tätigkeit ist die Einzelfallhilfe und Beratung. Die angebotene Hilfe ist gleichwohl für Schüler*innen, Eltern, Lehrer*innen und weitere pädagogische Mitarbeiter*innen gedacht. Dazu zählen auch die aufsuchenden Hilfen, also das Beraten und Informieren vor Ort, mit dem

Ziel, bei Sorgen und Problemen von Schüler*innen wie auch bei Erziehungs- und Umgangsfragen der Eltern eine gemeinsame Lösungsfindung anzustoßen und erste Tendenzen von Radikalisierung zu erkennen.

Wenn die schulischen bzw. schulsozialarbeiterischen Möglichkeiten ausgeschöpft sind, sollte ebenso die Möglichkeit bestehen, gemeinsam mit den betroffenen Personen Kontakt zu Beratungsstellen aufzunehmen, um eine passgenaue Unterstützung für Eltern und Schüler*innen anbieten zu können. Es ist daher wichtig, dass ein breites Netzwerk mit verschiedensten Beratungsinstitutionen existiert und begleitet durch die multiprofessionelle Zusammenarbeit der Schule mit internen und externen Akteur*innen eine Vielzahl verschiedener Handlungsstrategien dadurch möglich wird.

Sozialtrainings/soziales Lernen

Um die sozialen Fertigkeiten, Fähigkeiten und Kompetenzen der Schüler*innen zu stärken und ein besseres Miteinander in der Schule und vor allem in der Klassengemeinschaft zu schaffen, sind Maßnahmen wie Sozialtrainings und soziales Lernen sehr zentral. Soziale Trainingsmaßnahmen und Gruppenarbeitsprozesse können auf die Bedürfnisse und Notwendigkeiten der einzelnen Klassen bzw. einzelner Schüler*innen abgestimmt werden und dadurch einen wichtigen Beitrag zum sozialen Zusammenhalt in der Klassengemeinschaft leisten (vgl. Just 2016). Mit dem Aufkommen von Solidarität und Gemeinschaftsgefühl können so Separationslegitimationen als Folge von Ausgrenzungs- und Diskriminierungshandlungen, die zu den wichtigsten Faktoren von Radikalisierungsprozessen zählen (vgl. Ceylan/Kiefer 2018; Herding 2013), minimiert werden. Auf Grundlage dieser und weiterer Maßnahmen können Präventionsstrategien bessere Wirkungen erzielen.

Durch die Teilnahme an Fortbildungen, Fachtagungen und Arbeitskreisen können schulische Akteur*innen zudem fortlaufend ihre Kenntnisse erweitern, Erfahrungen austauschen und sich im Themenfeld Radikalisierung weiterbilden. Auch externe pädagogische Maßnahmen und Programme wie Deradikalisierungs- bzw. Demobilisierungsstrategien können sehr gut im schulischen Kontext umgesetzt werden und sollten als stetiges Angebot ihren Platz in der Schule finden. Damit einhergehende schulinterne Aktionen und Projekte können das Thema weiter vertiefen und ihren Wert weiter hervorheben. Denn die Bedeutung von Deradikalisierungs- und Demobilisierungsmaßnahmen in der Schule ist gegenwärtig mindestens genauso hoch wie präventive Maßnahmen zu Themen wie Gewalt, Diskriminierung und Drogen (vgl. Kiefer 2015).

4.2 Handlungsfeld Sozialraum

Angelehnt an die Gemeinwesenarbeit der 1960er und 1970er Jahre hat sich die Stadtteilbezogene Soziale Arbeit mit dem Ziel entwickelt, die Lebensbedingungen der Menschen in ihren Sozialräumen durch die Schaffung von Ressourcen, Angeboten und Möglichkeiten zu verbessern, um ihnen soziale Teilhabe zu ermöglichen. Hinte zufolge initiierten bereits die ersten

> »GemeinwesenarbeiterInnen [...] Mieterinitiativen, Demonstrationen und Stadtteilfeste, sie skandalisierten unzumutbare Wohnverhältnisse, infra-strukturelle Mängel, unsinnige Prestigeprojekte oder korrupte Funktionsträger, sie organisierten öffentliche Foren und Pressekampagnen und sorgten auf vielfältige Weise dafür, dass verschiedenste Bevölkerungsgruppen sich im Wohnquartier artikulierten, engagierten und organisierten« (Hinte 2002, S. 535).

Gemeinwesenarbeit

Diese Art der Gemeinwesenarbeit zeigt sehr eindrucksvoll, welche Möglichkeiten des Einbezugs und der Teilhabe das Partizipationsfeld Sozialraum haben kann. Projekte, Aktionen, Aktivitäten und Engagement schaffen dabei nicht nur Begegnung, sondern fördern sozialen Austausch, wecken gemeinsame (politische) Interessen, sorgen für Zusammenhalt, Identifikation mit dem Quartier oder Stadtteil und gegenseitige Unterstützung. Anders ausgedrückt wird der*die Einzelne aktiv in die Gestaltung des Sozialraums und damit in das dazugehörige soziale Beziehungsgeflecht einbezogen, wodurch er*sie die Möglichkeit bekommt, den Mangel an sozialer Anerkennung, Zusammenhalt und Hilfestellungen zu kompensieren.

Der Sozialraum ist damit nicht nur ein Ort physisch-materieller Gegebenheiten, sondern ein von seinen Bewohner*innen konstruierter Raum »der Beziehungen, der Interaktionen und der sozialen Verhältnisse« (Böhnisch u. a. 2009, S. 23) sowie Ergebnis der sich darin vollziehenden sozialen Praktiken.

Als Lebens- und Lernort ist der Sozialraum ein zentrales Handlungsfeld pädagogischer Arbeit, die hier ihren Fokus von der Einzelfallarbeit auf die Arbeit im Quartier oder Stadtteil verlagert. Damit präferiert sie den aktiven Einbezug der Menschen vor Ort, um gemeinsam mit ihnen ihren Sozialraum nach ihren Bedürfnissen und Vorstellungen zu gestalten und zu verbessern. Und dabei werden alle Orte rund um den Sozialraum, an denen sich die Menschen aufhalten, in die Arbeit integriert:

> »Straßen, Märkte, Treffpunkte und alle möglichen Orte, wo Menschen sich aufhalten, sind Foren für eine Kontaktaufnahme, die von dem Interesse geleitet ist, mit den BewohnerInnen Schritte zur Verbesserung der Lebensbedingungen im Stadtteil zu tun« (Hinte 2002, S. 542).

Der Sozialraum beschränkt sich aber nicht allein auf das Quartier und den Stadtteil, in dem der*die Einzelne wohnt, sondern kann sich auch auf andere Orte, in denen das Individuum in ein soziales Netz wie z. B. Arbeitsplatz, Verwandtschaft, Vereine/ Institutionen etc. eingebettet ist, ausdehnen. Für die alltägliche Routine, Kommunikation und Kontaktpflege sind Quartier und Stadtteil jedoch meist bedeutendere Sozialräume als jene, die zweckgebunden aufgesucht werden. Deshalb kann die Verlagerung der pädagogischen Einzelfallarbeit auf die Arbeit im Quartier und Stadtteil mit dem Ziel der Verbesserung der Lebensbedingungen und der Konstitution bzw. Pflege eines sozialen Netzes den*die Einzelne in seiner*ihrer Resilienz und Selbstwirksamkeit stärken und Sinn- und Ordnungsstrukturen neu definieren. Denn eine konstruktive und lösungsorientierte Haltung gegenüber sozialen Problemlagen, (Sinn-)Krisen und Konflikten erfordert sowohl eine hohe Resilienz und Selbstwirksamkeit als auch ein soziales Netz von Unterstützer*innen und Helfer*innen, auf die zurückgegriffen werden kann, um auch die schwierigsten Herausforderungen gut meistern zu können. Knopp und Rießen zufolge schaffen

> »[e]ine gute Nachbarschaft, ein Zugang zu den infrastrukturellen und sozialen Ressourcen im Quartier und bestenfalls das Erfahren der Wirksamkeit des eigenen Handelns […] eine bessere Voraussetzung, um individuellen Schwierigkeiten zu begegnen« (Knopp/Rießen 2020, S. 4).

Mit Blick auf die jugendliche Entwicklung, bei der die Suche nach Sinnstrukturen, Lebensweltorientierung und Identifikationsbezügen eine bedeutende Rolle spielt, könnte die Stadtteilbezogene Soziale Arbeit einen wertvollen Beitrag leisten. Denn wohnraumbedingt bewegen sich Kinder und Jugendliche auch in ihrer Freizeit meist in ihrem eigenen Stadtteil, wo sie Kontakte zu Vereinen bzw. Institutionen wie Jugendtreffs, politische und religiöse Gemeinschaften etc. haben. Durch den Aufbau eines Netzwerkes im Sozialraum und die Implementierung von pädagogischen Unterstützungsangeboten könnten Hilfestrukturen geschaffen bzw. vorhandene gestärkt werden, die auch nachhaltig andere Systeme wie Schule, offene Kinder- und Jugendtreffs sowie ihre Akteur*innen unterstützen und damit sich positiv auf die jugendliche Lebenswelt auswirken (vgl. Hinte 2002, S. 542 f.). Auch Deinet und Kirsch zufolge weist

> »Sozialraumorientierung im Kontext von Kindern und Jugendlichen […] auf die besondere Bedeutung sozialräumlicher Aneignungsprozesse für die Entwicklung und Sozialisation von Heranwachsenden hin: In Wechselwirkung zwischen jugendlicher Entwicklungsdynamik und der gesellschaftlichen Verfasstheit von Räumen entwickeln sich Bildungs-, Lern- und Sozialisationsprozesse« (Deinet/Kirsch 2021, S. 1057).

So kann der Sozialraum zur Konstitution neuer Sinnstrukturen beitragen, Orientierung und einen neuen Identifikationsbezug schaffen, Zugehörigkeit neu definierbar machen und damit zumindest jenen zentralen Ursachen salafistischer Radikalisierung entgegenwirken, die mit dem Verlust von Orientierung, Sinn und Identitätsbezug einhergeht.

Mit dem aktiven Einbezug in die Gestaltung des Sozialraums können ebenso Diskriminierungserfahrungen und das Gefühl, nicht dazu zu gehören, überwunden und damit eine positive Selbsterfahrung und -wahrnehmung gemacht werden. Das gemeinsame Wirken im Sozialraum kann daher als gutes Vorbild für jedes potentielle Partizipationsfeld und als praktisches Beispiel für die pädagogische Arbeit in weiteren Handlungsfeldern mit Bezug zur Lebenswelt und zum Sozialraum junger Menschen dienen und damit zur Etablierung sozialer Teilhabe führen (vgl. Hinte 2002; Knopp/Rießen 2020; Deinet/Kirsch 2021).

4.3 Handlungsfeld Offene Kinder- und Jugendarbeit

Ein weiteres Handlungsfeld der Sozialen Arbeit, das sich durch den Sozialraumbezug wie auch einem pädagogisch offenen Konzept, das Kinder- und Jugendliche aus unterschiedlichen Milieus und sozioökonomischen Verhältnissen einbeziehen kann, auszeichnet, ist die Offene Kinder- und Jugendarbeit (OKJA). Alle Angebote und Maßnahmen der OKJA sind niedrigschwellig, finden auf Basis von Freiwilligkeit statt und bieten jungen Menschen die Möglichkeit sich bei der Gestaltung und Umsetzung dieser aktiv zu beteiligen (vgl. Icking/Sturzenhecker 2021).

Im Gegensatz zu dem Konzept der Ganztagsschule sind die Einrichtungen der OKJA auch für jene Jugendliche zugänglicher, deren Eltern ein niedriges Einkommen haben oder auch Transferleistungen erhalten. Denn im Vergleich zu den Angeboten der Ganztagsschulen sind die der OKJA kostenfrei. Auch die Kapazitätsfrage spielt bei der OKJA keine bedeutende Rolle. So sind die Plätze in Ganztagsschulen begrenzt, weshalb überwiegend Kinder von Familien bevorzugt werden, deren beiden Elternteile berufstätig sind. Die Angebote der OKJA, die für Heranwachsende aus der Oberstufe ohnehin attraktiver sind, können demgegenüber von allen Kindern und Jugendlichen in Anspruch genommen werden. Die OKJA bietet damit insbesondere jungen Menschen aus sozioökonomisch schwierigen Verhältnissen Chancen, die erfahrenen lebensweltbedingten Belastungen und Benachteiligungen durch Reinklusion, soziale Teilhabe und Anerkennung auszugleichen (vgl. Icking/Sturzenhecker 2021, S. 828 f.; Scherr 2021, S. 642).

Die Einrichtungen der OKJA bieten gleichzeitig Schutzräume, in denen Erfahrungen abseits gesellschaftlicher und gemeinschaftlicher Normvorstellungen gemacht, Freundschaften und Beziehungen geknüpft und ein eigenes soziales Netz aufgebaut werden können. Sie sind daher auch bedeutende Anlaufstellen und Bezugsräume, in denen junge Menschen nicht nur ein vertrauensvolles Verhältnis zu ihren Peers entwickeln, sondern auch zu den pädagogischen Fachkräften vor Ort, die jene sozialen Prozesse begleiten und moderierend wie auch beratend den Jugendlichen zur Seite stehen (vgl. Icking/Sturzenhecker 2021; Scherr 2021).

Als Bewältigungsräume unterschiedlicher lebensweltlicher Herausforderungen können die Einrichtungen der OKJA spezifisch und thematisch orientierte Projekte und Angebote fokussieren und gemeinsam mit den Heranwachsenden entsprechende Strategien der Bewältigung verschiedener Problemlagen erarbeiten. Denn im Unterschied zu anderen Jugendhilfestrukturen liegt Scherr zufolge in der OKJA eine Chance darin,

»dass sie in der Lage ist, alltagsbezogene, politische und kulturelle Bildungsprozesse ›ganz normaler‹, in der Regel sozial unauffälliger und unproblematischer Jugendlicher anzuregen und zu unterstützen; zweitens aber auch darin, dass sie, sofern die konkrete Lebenssituation ihrer Klientel dies verlangt, dazu beitragen kann, soziale Gefährdungslagen frühzeitig zu erkennen und Jugendliche in ihren Auseinandersetzungen mit den Anforderungen der Schule, des Arbeitsmarktes, im Fall familiärer Krisen usw. schon dann zu beraten und zu unterstützen, wenn diese noch nicht in eine Situation geraten sind, die sie zur Klientel der Heimerziehung, der Jugendberufshilfe oder des Jugendstrafrechts werden lässt« (Scherr 2021, S. 647f.).

Die Einrichtungen der OKJA können demnach die Funktion eines Frühwarnsystems erfüllen, in dem die pädagogischen Fachkräfte mit einem geschulten Blick bereits erste Anzeichen religiöser Radikalisierung erkennen.

Um den Radikalisierungstendenzen entgegenzusteuern, sind darüber hinaus entsprechende präventive Maßnahmen und Hilfestellungen nötig, die sich an den zentralen Faktoren und Ursachen salafistischer Radikalisierung wie z. B. dem Peergruppeneinfluss (vgl. Akkuş u. a. 2020) orientieren sollten. Die Stärkung der und die aktive Einbeziehung in die Peergruppe vor Ort können dementsprechend dem Peergruppeneinfluss, der bei der Radikalisierung in politische und/oder religiöse Strukturen eine bedeutende Rolle spielt, entgegenwirken und damit zu einem wichtigen Baustein der präventiven Arbeit in der OKJA werden. Denn die Einrichtungen der OKJA bieten den Jugendlichen die Möglichkeit sich als Clique zu konstituieren und durch die Erfahrung von Zugehörigkeit wertvolle Lernprozesse auch im Hinblick auf die »Diversityperspektive«, alternative Rollenverständnisse und Handlungsweisen sowie Geschlechterfragen zu machen (vgl. Deinet/Krisch 2021. S. 1062).

Teil II Möglichkeiten der Prävention und interkulturelle Soziale Arbeit

5 Prävention und Soziale Arbeit

In diesem Abschnitt werden wir nicht nur den Begriff der Prävention und Gewaltprävention kritisch durchleuchten, sondern auch Ansätze vorstellen, die in der Arbeit mit Jugendlichen angewendet werden können. Da einerseits die Wirksamkeit der Prävention schwer messbar ist und es anderseits nicht ›die eine Methode‹ gibt, werden unterschiedliche Ansätze mit einem Schwerpunkt der Interkulturellen Kompetenz vorgestellt, die in der Sozialen Arbeit in unterschiedlichen Kontexten und Handlungsfeldern angewendet werden. Des Weiteren sei darauf hingewiesen, dass bei präventiven Ansätzen nicht immer zwangsläufig auf den Salafismus hingewiesen wird, weil Prävention in erster Linie vor einer Radikalisierung beginnt.

5.1 Aggressives Verhalten, Gewalt und die Formen der Prävention

Nicht nur in der einschlägigen wissenschaftlichen Literatur, sondern auch in der Medizin, Erziehungswissenschaft oder Sozialen Arbeit werden drei Formen der Gewaltprävention identifiziert. Es wird zwischen primärer, sekundärer und tertiärer (Gewalt-)Prävention unterschieden, die erläutert werden. Um aber die Gewaltprävention zu verstehen, müssen wir uns an den Gewaltbegriff nähern.

Gewalttaten werden in der Öffentlichkeit mit großer Erschütterung zur Kenntnis genommen und werfen Fragen nach den Ursachen und Hintergründen auf. Was wird aber unter den Begriffen »Aggression« und »Gewalt« in der Fachliteratur verstanden? Und bedeuten sie in jedem Fall etwas Negatives?

5.2 Begriffliche Annäherungen

Aggression

In einer der hier diskutierten Definitionen wird Aggression als ein biopsychosozialer Mechanismus verstanden, der der Selbstbehauptung gegen andere mit schädigenden Mitteln dient (vgl. Wahl 2011, S. 6). Darüber hinaus wird betont, dass es verschiedene Faktoren gibt, die die Art und Intensität der Aggression des*der Einzelnen bestimmen, z.B. die genetische Ausstattung, die individuelle Sozialisation und gesellschaftliche Rahmenbedingungen. Aggressivität wird als das »individuelle Potential für aggressives Verhalten« angesehen (vgl. Wahl 2011, S. 6).

Andere Definitionen von Aggression machen ebenfalls deutlich, dass es um schädigende Verhaltensweisen vor allem gegenüber anderen Personen geht. Nach Baron und Richardson (1994) umfasst Aggression jede Form von Verhalten, das darauf abzielt, einem anderen Lebewesen zu schaden. Dies können sowohl körperliche als auch verbale Aggressionen sein, sie können spontan auftreten oder als Reaktion auf das Verhalten des Gegenübers und sie können sich auf das Verhalten eines Individuums oder einer Gruppe beziehen (vgl. auch Krahe 2007).

Nach Resch und Parzer (2005) wird aggressives Verhalten dann pathologisch, wenn z.B. aus Kalkül destruktive Handlungsimpulse zur Erreichung persönlicher Ziele eingesetzt werden oder wenn die aggressive Grundstimmung nicht abklingt. Sie betonen ähnlich wie Wahl (2011) das »Selbstentfaltungsstreben zur territorialen und sozialen Behauptung mit der Bereitschaft Grenzen [...], z.B. soziale Regeln und körperliche Integrität, zu überschreiten, um eigene Ziele zu erreichen« (Resch/Parzer 2005, S. 42).

In diesen Definitionen wird deutlich, dass Aggression und aggressives Verhalten für den*die Einzelne*n oder eine bestimmte Gruppe sinnvoll erscheinen (z.B. beim Verteidigen von Territorien, Ressourcen), aber durch den entstehenden Schaden hohe Kosten für andere verursachen. Deshalb gibt es innerhalb von sozialen Gemeinschaften Regeln, um aggressives Verhalten zu kanalisieren oder möglichst zu unterbinden (z.B. abschreckende Strafmaßnahmen zur Verhinderung von Gewalttaten). Maßgeblich bei der Verurteilung von Aggression oder aggressivem Handeln sind nach den oben genannten Definitionen die Absicht, mit der einer anderen Person Schaden zugefügt wird, und das Ausmaß an Normabweichung, mit dem dies geschieht. Wenn eine Person in einem Boxkampf eine andere Person absichtsvoll schädigt, dies aber im Rahmen der vorgegebenen Regeln tut, wird dieses Verhalten nicht negativ gewertet (vgl. auch Otten 2002).

Gewalt

Gewalt ist ein Teilbereich von Aggression, der unterschiedliche von der Gesellschaft akzeptierte oder geächtete Formen annehmen kann (vgl. Wahl 2011). Nach Krahe (2007) handelt es sich um Verhaltensweisen, die mit dem Einsatz oder der Androhung körperlicher Gewalt verbunden sind. Gewalt ist also enger definiert und eine Form der Aggression.

Eine sehr umfangreiche und darüber hinaus die Autoaggression beinhaltende Definition von Gewalt kommt von der Weltgesundheitsorganisation: Gewalt ist demnach

> »der absichtliche Gebrauch von angedrohtem oder tatsächlichem körperlichen Zwang oder psychischer Macht gegen die eigene oder eine andere Person, gegen eine Gruppe oder Gemeinschaft, der entweder konkret oder mit hoher Wahrscheinlichkeit zu Verletzung, Tod, psychischen Schäden, Fehlentwicklungen oder Deprivation führt« (WHO 2003, S. 6).

Diese Definition ist zwar umfangreich. Aber ein zentraler Aspekt wird nicht berücksichtigt. Bei der Ausübung von Gewalt gibt es nämlich weiterhin einen Geschlechtereffekt. Obwohl in den letzten Jahren immer häufiger über eine Zunahme von aggressivem Verhalten von Mädchen und Frauen diskutiert wird, zeigt sich, dass körperliche Gewalt weiterhin eine männliche Domäne bleibt (Wahl 2011). Aggressives Verhalten zur Durchsetzung von eigenen Interessen wird also stärker von Männern gezeigt. Dabei werden unter Umständen andere Menschen geschädigt, was die Frage nach Ursachen und Präventionsstrategien aufwirft. Wie kann aggressives Verhalten erklärt werden und warum betrifft es auch in nicht unerheblichem Maße männliche Jugendliche mit Einwanderungsgeschichte?

5.3 Theoretische Erklärungsansätze für aggressives und gewalttätiges Verhalten

Für die Entstehung von Aggression, aggressivem Verhalten oder Gewalt generell gibt es unterschiedliche Erklärungsansätze, aus denen sich verschiedene Formen von Intervention ableiten lassen. Steht bei aggressivem Verhalten eher die genetische Disposition im Vordergrund oder sind die sozialen Belastungsfaktoren der Umwelt bedeutsamer? Müsste also eher an Kanalisierungsangeboten (z. B. Sport) oder an einer grundlegenden Verhinderung des Verhaltens angesetzt werden (positive Modelle, soziale Unterstützung)?

Biologische Theorien betonen die genetische und evolutionäre Komponente aggressiven Verhaltens (vgl. Krahe 2007). Aus evolutionärer Sicht ist es eine Überlebensstrategie für den*die Einzelne*n und/oder die Gruppe, um z. B. im Kampf um knappe Ressourcen das Überleben zu sichern. Allerdings geht aus verschiedenen Studien hervor, dass die genetische Ausstattung nur ein Erklärungsansatz dafür ist, ob ein Mensch sich (häufig) aggressiv verhält. Entscheidend für die Entwicklung von Aggressionen und gewalttätigem Verhalten sind auch die Umweltfaktoren (vgl. z. B. Rhee und Waldmann 2002).

Auch aus psychodynamischer Sicht ist die Aggression ein angeborener Trieb, der dem Todestrieb (Thanatos) zuzurechnen ist. Aus ethologischer Sicht kann es nach Lorenz (1963) zu einer Aufstauung von grundlegend vorhandener aggressiver

Energie kommen, wenn diese sich nicht regelmäßig entlädt (»Dampfkesselmodell«). Nach diesen theoretischen Annahmen sind Aggressionen angeboren und bei allen Menschen vorhanden. Interventionsstrategien bestehen in der angemessenen Kanalisierung von aggressivem Verhalten, z. B. durch Sportangebote. Allerdings konnte ihre Wirksamkeit in empirischen Studien nicht wirklich nachgewiesen werden (vgl. Krahe 2007). Auch die damit zusammenhängende Idee der Katharsis (»Reinigung«), also der Verringerung von Aggression durch symbolische Handlungen (z. B. in einem Computerspiel), führt laut verschiedenen empirischen Studien eher zu einem erhöhten als zu einem niedrigeren Aggressionspotential (z. B. Bushman 2002).

Die psychodynamische Sichtweise beeinflusste die Entwicklung der »Frustrations-Aggressionshypothese« (Dollard/Doob/Miller/Mowrer/Sears 1939). Diese betont, dass eine Person dann aggressives Verhalten zeigt, wenn sie in der Erreichung eines Ziels behindert wurde und damit frustriert ist. Zum Beispiel, wenn Eltern ihrem 15-jährigen Sohn verbieten, sich mit Freunden in einer Disco zu treffen, und dieser daraufhin wütend wird, schreit und seine Sachen auf den Boden wirft. Die Präventionsstrategie wäre ein Umlenken der negativen Energie, z. B. durch Sport, wenn die Frustration nicht verhindert werden kann. Eine andere Möglichkeit wäre, das Ziel des Jugendlichen (Treffen mit seinen Freunden) auf einem anderen Weg zu erreichen (aushandeln, wann und wo ein Treffen akzeptiert wird). Es gibt, wie bei allen Menschen, Situationen, in denen die Jugendlichen ihre Ziele nicht erreichen können. So können bestimmte Erfahrungen – beispielsweise in der Schule aufgrund von mangelnden Deutschkenntnissen oder Diskriminierung im Alltag (verstärkte Ausweiskontrolle von Menschen mit Migrationshintergrund aufgrund des Aussehens) – zu erhöhter Aggressivität führen, wenn diese mit Frustration einhergehen. Hier müssten also grundlegende Veränderungen auf politischer und gesellschaftlicher Ebene angestrebt werden (vgl. auch Toprak/Nowacki 2010).

Aus Sicht der Lerntheorien ist aggressives Verhalten etwas, das durch Beobachtung und Verstärkung erworben wird. Bei der sogenannten operanten Konditionierung wird Verhalten durch positive oder negative Verstärkung oder Strafe verändert. Bei der positiven Verstärkung wird ein Verhalten belohnt, z. B. durch materielle Anreize (Süßigkeiten, Geld) oder soziale Verstärker (Aufmerksamkeit, Lob). Negative Verstärkung bedeutet das Beenden eines unangenehmen Zustands, also z. B. eines Hausarrests, nachdem ein erwünschtes Verhalten eingetreten ist (z. B. Erledigung der Hausaufgaben). Strafe führt einen unangenehmen Zustand herbei (z. B. durch Schläge oder Vorwürfe), um ein unerwünschtes Verhalten zu beenden (z. B. das Kind schreit). Es wurde nachgewiesen, dass positive Verstärkung das Verhalten am wirksamsten verändert. Wenn hauptsächlich strafendes Verhalten in der Erziehung eingesetzt wird, führt das nicht nachhaltig zu einer Verhaltensänderung, sondern muss immer wieder eingesetzt werden. Eltern, die »Schimpfen« als Mittel gegen unvollständige Hausaufgaben einsetzen, werden feststellen, dass das Kind diese immer stärker mit einem unangenehmen Zustand verbindet und in der Konsequenz vermutlich noch weniger gerne macht als vorher. Eine Verstärkung des Mittels »Schimpfen« wird den Regelkreislauf nicht durchbrechen. Hier wäre das Herstellen eines Erfolgserlebnisses sinnvoll, um einen positiven Anreiz für das Kind zu schaffen (positive Verstärkung), die Hausaufgaben zukünftig vollständig zu machen (vgl. auch Lefrancois 2006).

Bandura (1979) führt aus, dass Hierarchien in unserer Gesellschaftsform häufig durch Gewalt oder Androhung von Gewalt durchgesetzt werden. Gewalt wird in gewissem Maß gesellschaftlich akzeptiert und angewendet, z. B. bei der Abschreckung vor einer Straftat durch die Androhung von Haftstrafen im Strafgesetzbuch. Somit hat Gewalt auch eine wichtige gesellschaftliche Funktion.

> »Aggressives Verhalten wird daher in weitem Ausmaß durch antizipierte Konsequenzen reguliert, die von informativen sozialen Hinweisreizen abgeleitet werden. Ohne diese Art der Stimuluskontrolle würden Menschen immer wieder auf tollkühne Weise aggressiv handeln, ohne sich um die wahrscheinlichen Wirkungen ihrer Handlungen zu kümmern« (ebd., S. 138).

In der Theorie des Modelllernens nach Bandura (1979) wird die Beobachtung von »erfolgreichem« aggressiven Verhalten an einem Modell, z. B. einem Erwachsenen, als Ursache für das Erlernen von Aggression angesehen. Hier spielen auch Aufmerksamkeitsprozesse eine wichtige Rolle, denn nach Bandura kann eine Person »durch Beobachtung dann nicht viel lernen, wenn sie die wichtigsten Merkmale des Modellverhaltens nicht beobachtet oder nicht klar erkennt« (ebd., S. 86). Zum einen muss das Verhalten also genau gesehen werden und zum anderen ist es nicht egal, wessen Verhalten imitiert wird. Hierbei spielen Menschen, die emotional bedeutsam sind, eine wichtige Rolle, z. B. Freund*innen oder Familienmitglieder. Darüber hinaus wird am ehesten das Verhalten imitiert, das als besonders erfolgreich eingestuft wird. Im Hinblick auf das Erlernen von Aggression weist Bandura (1979) auf den Zusammenhang von familiär erlebter Gewalt und aggressivem Verhalten von Kindern und Jugendlichen hin.

Neben konkreten familiären Problemsituationen ist auch das gesamte Wohnumfeld der Jugendlichen von Bedeutung für ihr Verhalten. So weist bereits Bandura auf die erhöhten Quoten aggressiven Verhaltens in aggressionserzeugenden Milieus (z. B. problembehaftete Wohngebiete) hin.

> »In diesen delinquenten Subkulturen erlangt man Status in erster Linie durch kämpferische Verwegenheit. [...] Die Kombination von angesehener aggressiver Modellierung und positiver Verstärkung von Kampfverhalten und von anderen deutlichen Anzeichen für Härte bringt die wirksamsten Bedingungen für die Weiterentwicklung von Aggressivität hervor« (ebd., S. 116).

Bezogen auf die Jugendlichen mit Migrationshintergrund gilt es also auch, das Wohnumfeld zu prüfen, um ein erhöhtes aggressives Verhalten einordnen und möglicherweise langfristig verändern zu können (vgl. auch Toprak/Nowacki 2012).

Im Hinblick auf präventive Ansätze kann aus den lerntheoretischen Ausführungen abgeleitet werden, dass sich im staatlichen Rahmen Gewalt nicht lohnen darf und entsprechend sanktioniert werden sollte, dass es aber insgesamt noch viel wichtiger ist, sozial erwünschtes Verhalten zu verstärken. Dieses sollte durch positives Modellverhalten von relevanten Personen vorgeführt werden und entsprechende Verstärkung erhalten. Gefragt sind hier also eine gezielte Arbeit, z. B. mit den Eltern der Kinder und Jugendlichen mit (und ohne) Migrationshinter-

> grund, sowie Maßnahmen im sozialen und schulischen Umfeld. Letztendlich sollten aber alle Menschen Auseinandersetzungen auf der Basis von Aushandlungsprozessen führen und somit ein demokratisches Klima in der Gesellschaft herbeiführen.

Welche Ziele hat aggressives Verhalten? Nach Tedeschi und Felson (1994) lassen sich drei Motive beschreiben: Erstens geht es um das Streben nach Macht und Kontrolle. Besonders wenn andere Möglichkeiten, soziale Kontrolle zu erwerben, fehlen, erhöht dies die Wahrscheinlichkeit aggressiven Verhaltens. Zum Zweiten ist das Streben nach Gerechtigkeit ein wichtiges Motiv. Glaubt das Individuum, schwer provoziert und ungerecht behandelt worden zu sein, so kann dies in seinen Augen aggressives Verhalten rechtfertigen. Als drittes Motiv wird das Streben nach positiver Identität genannt, das besonders das Verhalten in sozialen Gruppen beeinflusst, in denen eine Zugehörigkeit angestrebt wird (vgl. auch Otten 2002). Muslimische Jugendliche meinen, sie könnten sich durch gewaltbereites Verhalten Anerkennung verschaffen und Macht und Kontrolle ausüben. Das Eintreten für andere Gruppen- oder Familienmitglieder könnte ebenfalls Gewaltverhalten motivieren, z.B. die Verteidigung der ›Ehre‹.

Krahe (2007) führt weitere individuelle und situative Faktoren an, die im Zusammenhang mit aggressivem Verhalten eine Rolle spielen. Zum einen nennt sie Aggressivität eine individuelle und stabile Persönlichkeitseigenschaft. In Fragebögen zu ihren persönlichen Eigenschaften schätzen die Probanden ihre Bereitschaft zu aggressivem Verhalten über verschiedene Messzeitpunkte stabil ein. Das bedeutet, dass eine Person, die sich in jungen Jahren als aggressiv einstuft, dies auch im fortgeschrittenen Alter tut. Hier ist die Frage, welche Bedeutung die Selbsteinschätzung als Person mit hohem Aggressionspotential für den*die Einzelne*n hat. Ist dieser Persönlichkeitsaspekt etwas, das als eher störend bzw. negativ an sich selbst wahrgenommen wird, oder zieht die Person daraus sogar positive Rückschlüsse auf sich selbst? Wenn sich also ein Jugendlicher als aggressiv und damit als durchsetzungskräftig und männlich definiert, wird es schwieriger sein, dies zu verändern, als wenn er sagt, dass ihn dieser Wesenszug eher störe. Bei einer positiven Einschätzung des eigenen aggressiven Verhaltens geht es in Interventionsansätzen (neben der Konfrontation mit den Kosten für das Opfer) eher um die Verstärkung erwünschter Verhaltensweisen und Eigenschaften, um so eine Aufwertung des Selbstwerts über alternative Eigenschaften zu ermöglichen.

Es wurde bereits mehrfach ausgeführt, dass erlebte Aggression in der Familie deutlich mit einer erhöhten Aggressivität und Gewaltbereitschaft zusammenhängt. Nach Bandura (1979) kann z.B. die Gewalterfahrung durch die Eltern die Bereitschaft zu aggressivem Handeln gegenüber Gleichaltrigen erhöhen. Gelles (1997) betont, dass im System Familie ein hohes Maß an Verpflichtungen und emotionalen Verbindungen herrsche, die Gelegenheiten für negative Abhängigkeiten böten. Durch die intimen Kenntnisse über ihre jeweiligen Stärken und Schwächen bestehe unter den Mitgliedern immer auch die Gefahr, dass dieses Wissen genutzt würde, um sich gegenseitig zu verletzen. Aggressive Handlungen in Familien träten deshalb häufiger auf, weil durch den privaten Charakter der Beziehungen die Bereitschaft

Außenstehender einzugreifen geringer sei. Ein weiterer aggressionsfördernder Aspekt sei die ungleiche Verteilung von Macht im Familiensystem. Autoritäre Strukturen förderten aggressives Handeln, da die schwächeren Mitglieder sich nicht effektiv wehren können. Dazu komme außerdem ein Rollenmuster, in dem Aggressivität ein statusfördernder, positiv bewerteter Bestandteil des Bildes vom ›richtigen Mann‹ sei.

Verschiedene Faktoren, die teilweise mit der Migration zusammenhängen, sind belastend. Hierzu zählen das Leben in einem anderen Land mit anderen kulturellen Werten und einer anderen Sprache sowie weitere teilweise schwierige sozialstrukturelle Umstände: schlechter Bildungsstand, Arbeitslosigkeit und beengte Wohnsituation. Bereits bei Heitmeyer u. a. (1997) werden die Zusammenhänge zwischen Armut, sozialer Benachteiligung und persönlicher Gewalterfahrung herausgestellt. Zusammenfassend muss davon ausgegangen werden, dass durch die verschiedenen genannten Risikofaktoren die Wahrscheinlichkeit von innerfamiliärer Gewalt in muslimischen Familien höher ist.

5.4 Zum Präventionsbegriff

Der Wunsch nach Prävention ist nicht nur bei Fachkräften ein erstrebenswerter Zustand, sondern auch in der Politik und Gesellschaft. Der Gewaltpräventionsbegriff wird später aufgegriffen. Vereinfacht bedeutet Prävention die Vorbeugung eines unerwünschten Zustandes. Das ist im Gesundheitssystem genauso erwünscht wie in der Sozialen Arbeit. Ein Beispiel außerhalb der Soziale Arbeit: Wer sich ausgewogen ernährt, regelmäßig Sport treibt, nicht raucht, in Maßen Alkohol konsumiert und regelmäßig für Vorsorgeuntersuchungen zum Arzt geht, beugt vielen Krankheiten vor. Aber es ist nicht von der Hand zu weisen, dass es einem nicht immer leichtfällt, sich an die gesunde Lebensweise zu halten. Im (stressigen) Alltag wird dann schnell die Pizza bestellt, statt aufwendig mit frischen Lebensmitteln zu kochen oder auf den am Vortag aufgemachten Wein zu verzichten. Die Beispiele können sicherlich vervielfältigt werden, soll aber an dieser Stelle nicht weitergeführt werden.

Die Vorbeugung eines nicht erwünschen Zustandes hat nicht nur eine individuell-persönliche Dimension, sondern auch eine wirtschaftliche. Wenn wir beim Gesundheitsbeispiel bleiben würden, bedeutet das folgendes. Wer sich gesund ernährt und regelmäßig Sport treibt, senkt das Risiko, von schweren Krankheiten betroffen zu sein. Klinische und kostenintensive Behandlungen würden ebenso vermieden wie teure Medikamente und Reha-Aufenthalte. Deshalb fördern viele Krankenkassen nicht nur präventive Maßnahmen, sondern stellen selbst Angebote bereit wie Stressbewältigungskurse, Fitnesstraining oder Kochkurse zur gesunden Ernährung. Hier muss betont werden, dass die Kassen in erster Linie Interesse an Kostenreduzierung haben und nicht aus Nächstenliebe agieren. Denn Krankenhaus-

und Reha-Aufenthalte sind für die Kassen viel kostenintensiver als Angebote anzubieten, die das Risiko chronischer Krankheiten reduzieren.

Das Beispiel aus dem Gesundheitswesen zeigt nicht nur, wie wichtig die Prävention für das Individuum und Volkswirtschaf ist, sondern auch ein aufwändiges und mühseliges Unterfangen darstellt. Denn es ist bedeutungslos und unwirksam, wenn ich mich nicht regelmäßig gesund ernähre und sporadisch Sport treibe. Ich muss das immer machen und in meine Lebensweise integrieren. Ich muss quasi mein Verhalten und meine Gewohnheiten komplett modifizieren.

Es ist sehr wahrscheinlich, dass die Erfolge und die Wirksamkeit in der Gesundheitsförderung sichtbarer sind als in der Gewalt- oder Radikalisierungsprävention.

> Dennoch hat die Prävention in allen Bereichen ein Problem mit der Paradoxie: Präventionsmaßnahmen sorgen dafür, dass Probleme (Gewalt, Radikalisierung, Sucht oder Krankheiten) nicht auftreten. Wenn Probleme nicht auftreten, war die Prävention zwar erfolgreich. Aber es ist dadurch schwieriger, die präventiven Maßnahme zu ergreifen und in der Öffentlichkeit zu kommunizieren.

War es z. B. richtig, während der Pandemie in den Lockdown zu gehen oder Masken zu tragen? Im Nachhinein wird kritisiert, dass diese Maßnahmen überzogen waren. Es war weniger schlimm als erwartet. Wenn man diese präventiven Maßnahmen nicht getroffen hätte, hätten sich jedoch unter Umständen viel mehr Menschen mit dem Virus infiziert, die Krankenhäuser überlastet und mehr Menschen ihr Leben verloren. Wir können nicht überprüfen, was gewesen wäre, wenn Lockdown und Maskenpflicht nicht gekommen wären.

Gewaltprävention – Definition

Diese Präventionsparadoxie wird auch in der Sozialen Arbeit deutlich vor Augen geführt, zumal hier keine einheitliche Definition existiert, was genau Gewaltprävention bedeutet. Ein Definitionsvorschlag von Günther Schatz, der den erzieherischen und ganzheitlichen Charakter beton, ist der folgende: »Gewaltprävention bezeichnet alle institutionellen und personellen Maßnahmen, die der Entstehung von Gewalt vorbeugen bzw. diese reduzieren. Diese Maßnahmen zielen ab auf die Person selbst, auf die Lebenswelt dieser Adressaten wie auch auf den Kontext der sie tangierenden Sozialen Systeme« (Schatz, SGB III). Aus der Definition wird deutlich, wie komplex Gewaltprävention sein kann. Denn sie setzt voraus, dass nicht nur das Individuum in den Blick genommen wird, sondern auch das gesamte soziale Netzwerk. Damit die Maßnahmen wirksam bleiben, sollen darüber hinaus die betroffenen Institutionen zusammen agieren und kooperieren. Außerdem kann daraus abgeleitet werden, dass (Gewalt-)Prävention ein langwieriger und dauerhafter Prozess ist, dessen Ergebnisse offen bleiben oder die Wirksamkeit nicht gemessen werden kann, wie am Beispiel des Lockdowns erläutert wurde.

Es muss auch darauf hingewiesen werden, was ein unerwünschtes Verhalten genau impliziert und wer diese definiert und überprüft. Also, was genau entspricht der Norm und was ist in diesem Fall ein abweichendes Verhalten? »Wenn man Prävention als das frühzeitige Vermeiden unerwünschter Ereignisse, Entwicklungen und Zustände begreift, dann ist damit vorausgesetzt, dass diese und ihre Auswirkungen zuvor als unerwünscht definieret worden sind« (Holthusen u. a. 2011, S. 22). Hier stellt sich die Frage, ob eine einheitliche Feststellung dieser Standards in komplexen und diversen Gesellschaften überhaupt möglich oder gar erwünscht sind.

Demzufolge werden an den Begriff Prävention sehr hohe Erwartungen gestellt: Präventionsmaßnahmen, wie gut sie auch sein mögen, können nicht alle gesellschaftlich und persönlich verursachten Missstände beheben, wie auch in der Definition von Günther Schatz deutlich wird. Denn in der Aussage von Schatz geht es nicht nur um die absolute Vorbeugung von Gewalt, sondern auch um ihre Reduzierung. Das heißt, eine komplette Vorbeugung ist nicht möglich und wird auch nicht vorausgesetzt. Diese Sicht erscheint auch den Autoren dieses Buches, die seit Jahrzehnten in der Präventionsarbeit tätig sind, realistisch.

Die Prävention gegen gewaltbereiten Salafismus oder religiöser Radikalisierung ist ein relativ neues Thema. Die Prävention gegen religiöser Radikalisierung beweget sich des Weiteren in einem Spanungsfeld. Laut Ceylan und Kiefer ist die Zahl der jungen Menschen, die sich dem Salafismus zugehörig fühlen, entweder zu klein oder zu ungenau. Außerdem sei die Radikalisierungsprävention ein schwieriger Handlungsbegriff (vgl. Ceylan/Kiefer 2018, S. 19). Des Weiteren wird die Präventionsarbeit erschwert durch die Vermischung von Radikalisierungsprävention auf der einen und Islamkritik auf der anderen Seite.

> Es muss betont werden, dass es bei der Prävention gegen die religiöse Radikalisierung oder Salafismus nicht um Islamkritik geht, sondern um Einstellungen, Aktivitäten und Handlungen, die Gewalt oder aggressives Verhalten legitimieren, also im Endeffekt geht es um Gewaltprävention.

5.5 Drei Formen der (Gewalt-)Prävention

In der einschlägigen Fachliteratur wird die Gewaltprävention in drei Formen unterteilt; das markiert die nicht nur die formal-inhaltliche Unterscheidung, sondern erklärt und begründet auch die passenden pädagogischen Maßnahmen. Der Begriff Prävention wird aus dem Lateinischen abgeleitet und bedeutet, wie oben erwähnt, sinngemäß »einer Sache zuvorkommen«. Was bedeutet das konkret?

Es wird versucht, eine unerwünschte Verhaltensweise durch adäquate Maßnahmen im Vorfeld oder in der Entstehungsphase zu verhindern (vgl. Gollwitzer u. a. 2007, S. 7). Außerdem versucht Prävention (vor allem Primärprävention) als vorverlagerte Intervention das zu verhindern, was noch nicht vorgekommen ist. Deshalb ist es von Bedeutung, zu markieren, was das Störende oder Abzuwendende überhaupt ist (vgl. Schröder/Merkle 2007, S. 17). In der Regel wird die Form der Prävention in primäre, sekundärer und tertiärer Prävention unterteil.

> **Formen der Prävention: primär, sekundär und tertiär**
>
> Unter *Primärprävention* versteht man Maßnahmen, die das Auftreten unerwünschter Entwicklung oder Verhaltensweisen von allen Kindern und Jugendlichen zu verhindern (vgl. Schröder/Merkle 2007, S. 30). Außerdem sollen die gesellschaftlichen Bedingungen so entwickelt werden, dass die Lebenskompetenzen und Konfliktlösungsstrategien von Kindern und Jugendlichen gestärkt werden können (vgl. Schaubart 2013, S. 102). Unter den Zielen der Primärprävention werden Förderung und Stabilisierung des Selbstwertgefühls bzw. des Vertrauens auf andere Personen, Anerkennung körperlicher Integrität des Kindes oder Verstärkung von prosozialen Einstellungen sowie Kommunikations- und Interaktionskompetenzen subsumiert (vgl. Melzer u. a. 2011, S. 161). Die *Sekundärprävention* fokussiert in erster Linie gefährdete Jugendliche mit dem Ziel, gewalttätiges Verhalten zu verhindern, indem potenzielle Opfer und Täter*innen durch Bereitstellung einer spezifischen Infrastruktur oder durch Trainingsmaßnahmen immunisiert werden (vgl. ebd.). Die *Tertiärprävention* – sie wird auch als Intervention verstanden – richtet sich an Gruppen mit Risikomerkmalen oder Mehrfachtäter*innen. Ziel ist es, therapeutische Verfahren zur Bewältigung von Problemsituationen zu entwickeln oder Maßnahmen zu ergreifen, die bei manifesten Problemlagen eine Verbesserung und/oder Resozialisierung erreichen (vgl. Melzer u. a. 2011, S. 161; Schaubart 2013, S. 101; Merkle/Schröder 2007, S. 30).

Zusammenfassend kann konstatiert werden, dass Gewaltprävention ein weitverfasster Begriff ist. Es geht nicht nur darum, gewalttätiges Verhalten im Vorfeld mit Stärkung der Persönlichkeit zu verhindern, sondern bei bereits auffälligen Kindern und Jugendlichen Gewalt zu verhindern bzw. reduzieren.

6 Pädagogische Ansätze und Prävention

In diesem Abschnitt werden unterschiedliche und unter Umständen sich divergierende pädagogisch-präventive Ansätze vorgestellt. In der Pädagogik und der Sozialen Arbeit ist es Konsens, dass es im Umgang mit schwierigen Kindern und Jugendlichen weder ein Allheilmittel noch ›die‹ eine Methode gibt. Jede pädagogische Handlung ist im Ergebnis offen und wird auch in der einschlägigen Fachliteratur als Wagnis beschrieben (vgl. Hörster 2008). Welche Methode am Ende die richtige ist, hängt davon ab, wie die jeweilige Zielgruppe darauf reagiert. Beispielsweise schließt der lebensweltorientierte Ansatz (hier die interkulturelle Elternarbeit) eine Konfrontation nicht aus. Das bedeutet konkret: Der Konfrontative Ansatz und der lebensweltorientierte Ansatz wirken unter Umständen auf den ersten Blick divergent, können sich aber ergänzen, wenn sie bezogen auf die Zielgruppe pädagogisch angepasst werden. In diesem Abschnitt werden einige zentrale Ansätze aus der Sozialen Arbeit/Pädagogik im interkulturellen Kontext vorgestellt, die auch in der praktischen Arbeit angewendet werden, in der junge Menschen salafistisch oder radikalislamistisch argumentieren oder diesen Szenen nahestehen bzw. sie attraktiv finden.

6.1 Der Konfrontative Ansatz

Der Begriff »konfrontativ« ist auf den lateinischen Begriff »confrontare« zurückzuführen, der die Bedeutung *»Stirn gegen Stirn zusammenstellen«* trägt. Konfrontative Pädagog*innen bieten devianten, sozial auffälligen sowie delinquenten Kindern und Jugendlichen somit, im wörtlichen Sinne, die Stirn (vgl. Weidner/Kilb/Jehn 2003, S. 11).

> **Konfrontative Pädagogik**
>
> Die Konfrontative Pädagogik bezeichnet einen pädagogischen Handlungsstil, der eine Förderung der Selbstverantwortung des*der Klient*in beabsichtigt (vgl. Kilb 2009, S. 45). Sie bietet Methoden und Techniken an, die als sinnvolle Ergänzung zu den klassischen pädagogischen Arbeitsweisen zu betrachten sind. Entscheidende Hinweise, wie aggressivem, abweichendem und unkooperativem Verhalten von Jugendlichen sinnvoll und didaktisch effektiv begegnet werden kann,

> sind inbegriffen. Der pädagogische Handlungsstil ist als Ultima Ratio zu verstehen, als letztes Mittel, wenn akzeptierende, erklärende und auffordernde Interventionen bis dato keine positive Wirkung zeigen konnten. Die Anwendung ist demnach für die Jugendlichen geeignet, die mit herkömmlichen pädagogischen Vorstellungen und Handlungsweisen nicht mehr erreicht und beeinflusst werden können.

In diesem Abschnitt soll versucht werden, die Konfrontative Methode in der pädagogischen Alltagssituation mit einzelnen Jugendlichen oder jungen Erwachsenen vorzustellen, die nicht in einem Gruppensetting wie etwa den klassischen Anti-Gewalt-Trainings zusammenkommen. Diese ist als eine Erweiterung im Bereich konfrontierender Methodenkompetenz zu betrachten Es soll hier konkret aufgezeigt werden, wie mit auffälligen, aber noch nicht gewalttätigen Jungen oder Mädchen gearbeitet werden kann, bei denen der akzeptierende und verständnisvolle Ansatz vielleicht nicht mehr greift. Im Folgenden sollen zunächst die Grundlagen der Konfrontativen Gesprächsführung vorgestellt werde, um später beispielhaft diese Methode im Hinblick auf Jugendliche zu reflektieren, die mit der salafistischen Ideologie argumentieren.

Was heißt Konfrontative Gesprächsführung und wo wird sie eingesetzt?

Konfrontative Gesprächsführung heißt, dass der*die Betreuer*in die Motive, die für das deviante (abweichende) Verhalten relevant sind, zwar versteht, aber als Begründung nicht akzeptiert. Die Fachkraft bezieht sich lediglich auf die mit dem*der Jugendlichen getroffenen Vereinbarungen, z.B. Schul- und Einrichtungsregeln einzuhalten, und konfrontiert ihn*sie permanent mit deren Nichteinhaltung. Die Gründe dafür sind zwar als Hintergrundwissen von Bedeutung, spielen aber im eigentlichen Konfrontationsgeschehen bei der konkreten Handlung und Einhaltung der Regelverletzungen keine Rolle. Primäres Ziel ist es, den*die Jugendlichen konfrontierend zu hinterfragen, weshalb er*sie sich nicht an die abgesprochenen Regeln gehalten hat.

In jeder Kinder- und Jugendeinrichtung und in jeder Schule gibt es Regeln, die gewährleisten sollen, in einem produktiv geordneten Setting pädagogisch erfolgreich und auftragsadäquat arbeiten zu können. Allerdings gehen in der Praxis häufig die verschiedenen Fachkräfte und Personen derselben Institution unterschiedlich damit um.

> Wer kennt das nicht aus dem beruflichen pädagogischen Alltag: Eine Kollegin reagiert auf einen Regelverstoß eines Jugendlichen, ein anderer Kollege schaut im gleichen Fall einfach weg und wieder ein anderer ist überzeugt, dass in diesem Fall nicht reagiert werden muss. Bei Fortbildungen zum Thema wird immer wieder gefragt: »Wann muss ich denn Grenzen ziehen und wann muss ich unbedingt eingreifen?«

Konfrontativ arbeitende Pädagog*innen orientieren sich diesbezüglich an dem Erziehungswissenschaftler Flitner, der pädagogische Grenzziehung und ein pädagogisches Eingreifen in folgenden Fällen für zwingend erforderlich hält:

1. Grenzen sind dort zu ziehen, wo dem Kind oder Jugendlichen eindeutig Gefahren drohen.
2. Grenzziehung ist dort nötig, wo ohne eine solche Grenzziehung Menschen verletzt, geplagt, gekränkt würden (vgl. Weidner/Kilb 2004, S. 13).
3. Es gibt Grenzen, die durch unser gemeinschaftliches Leben und die gemeinsamen Sitten bestimmt sind; und es gibt Grenzen der eigenen Belastbarkeit (vgl. Flitner 2009).

Bei Rangeleien wollen viele Fachkräfte häufig nicht eingreifen, da das Verhalten der Kinder bzw. Jugendlichen oft harmlos erscheint: »Man will doch kein Spielverderber sein und ›Ringkämpfchen‹ gehören doch bei Jungs dazu.« Dabei wird übersehen, dass aus Spiel oft Ernst wird und dass auch nicht immer erkennbar ist, ob es wirklich nur Spaß ist. Daher sollten »Spaßkämpfchen« nur im spielerischen Rahmen, z. B. im Sportunterricht, angeleitet und kontrolliert zugelassen sein. Wenn dies eine festgelegte Regel einer Schule oder eines Jugendhauses ist, hat man als Fachkraft klarere Strukturen für sich und die Kinder oder Jugendlichen. Das bedeutet dann automatisch die Verpflichtung einzugreifen, wenn so etwas nicht im vorgegebenen Rahmen stattfindet – und man spart sich die Diskussion darüber, ob es nur Spaß ist oder nicht.

Worauf bei der Konfrontativen Gesprächsführung geachtet werden sollte

Es muss betonte werden, dass die Konfrontative Gesprächsführung eine Ergänzung im pädagogischen Methodenbereich darstellt. Ihr Einsatz ist begleitet von anderen Handlungen, wie z. B. die Stärken des*der Jugendlichen hervorzuheben, ihn*sie zu loben und empathisch auf seine*ihre persönlichen und sozialen Rahmenbedingungen einzugehen. Diese Rahmenbedingungen müssen allerdings aus dem eigentlichen konfrontativen Setting herausgehalten werden. Nur Konfrontation allein reicht allerdings nicht aus, denn hinter den Auffälligkeiten stehen meist tatsächlich tiefgreifende Probleme der Jugendlichen, bei deren Lösung sie Unterstützung benötigen. Wenn wir sie diesbezüglich ernst nehmen und ihnen zu helfen versuchen, können sie auch die Konfrontation von uns annehmen.

> Das bedeutet, wenn wir beispielsweise in einem Gespräch erfahren, dass der Vater Alkoholiker ist und öfter zuschlägt, werden wir Hilfe anbieten. Wir werden aber diesen Hintergrund nicht als Entschuldigung für die Gewalttätigkeit des Jugendlichen dulden. Wenn er gerade selbst zugeschlagen hat, zählt nur diese Situation und seine eigene Verantwortung dafür.

Folgende Prinzipien sind bei dieser Methode zu beachten:

- Oberstes Prinzip ist die Akzeptanz der Person – bei klarer Verurteilung des Fehlverhaltens und der Taten. Dies muss eine Grundeinstellung des*der Pädagog*in sein, und er*sie muss dies auch glaubhaft vermitteln können.
- Bevor konfrontative Techniken angewendet werden steht der Aufbau einer tragfähigen Beziehung.
- Wenn akzeptierende, erklärende, auffordernde Interventionen keine positive Wirkung hatten, kann die konfrontative Intervention erfolgen.
- Es gilt das Prinzip: Schon bei Kleinigkeiten reagieren, um Größeres zu verhindern (Weidner/Kilb 2003).
- Festgelegte Regeln müssen transparent sein. Es darf keine Willkür herrschen. Die festgelegten Regeln gelten nicht nur heute, sondern auch morgen, auch wenn der*die Sozialarbeiter*in gerade selbst keinen guten Tag hat oder sich im Stress ist.
- Das Bewusstmachen der eigenen Vorbildfunktion ist eine wichtige Voraussetzung für erfolgreiches Arbeiten. Ich bin als pädagogische Fachkraft nur glaubwürdig, wenn ich vorlebe, was ich einfordere (z. B. selbst pünktlich sein, Umgangsformen selbst einhalten usw.).
- Es wird mit ritualisierter Grenzziehung gearbeitet. Dabei sollte man nicht lockerlassen. Das erwünschte Verhalten wird immer wieder eingefordert.
- Für Fehlverhalten angekündigte Konsequenzen müssen unbedingt und zeitnah erfolgen, da sonst die Glaubwürdigkeit in Frage gestellt ist.
- Rechtfertigungsstrategien der Jugendlichen werden nicht zugelassen. Der*die Konfrontierende lässt sich nicht auf Diskussionen ein, wie: »Ich habe ja nur getreten, weil der X zu mir ›schwule Sau‹ gesagt hat«.
- Konfrontatives Arbeiten beinhaltet die Stärkung des Selbstwertgefühls des*der Jugendlichen und die Vermittlung von sozialer Kompetenz, denn genau hier sind bei den meisten ›Auffälligen‹ Defizite vorhanden.

Kriterien und Voraussetzungen für die Konfrontative Gesprächsführung

Folgende Kriterien sollten bei der Konfrontativen Gesprächsführung beachtet werden.

1. **Fingerspitzengefühl und Beziehungsebene:** Nicht für jedes Kind und jede*n Jugendliche*n ist dieser Stil geeignet. Das Kind/der*die Jugendliche muss persönlich und intellektuell in der Lage sein, die Konfrontation anzunehmen. Bei ruhigen und zurückhaltenden Kindern und Jugendlichen sollte man eher auf sie verzichten. Wichtig ist, dass die Konfrontation erst dann zum Einsatz kommt, wenn der*die Jugendliche sie – latent oder bewusst – sucht und zwischen dem Kind und der Fachkraft eine tragfähige Beziehungsebene aufgebaut wurde.
2. **Regelbruch:** Die Konfrontation wird primär eingesetzt, wenn eine Regel oder eine Vereinbarung nicht eingehalten wird. Der*die Pädagog*in konfrontiert den*die Jugendliche*n mit dem Regelverstoß.
3. **Konfliktfall:** Hier wird die Konfrontation als Konfliktlösungsstrategie eingesetzt und die Entscheidung nicht den Kontrahent*innen überlassen. Der*die

Pädagog*in konfrontiert jede*n nur mit seinem*ihrem eigenen Verhalten. Es geht nicht darum, wer Recht hat, sondern um die Übernahme der Teilverantwortung: Denn beide Parteien haben in der Regel zur Eskalation des Konflikts beigetragen. Ziel ist es, dass jede Konfliktpartei ihren Teil der Verantwortung übernimmt.
4. **Grenzziehung als Prävention:** Hier ist die Haltung der*des Pädagog*in von entscheidender Bedeutung. Wenn die pädagogische Fachkraft die konfrontative Haltung beibehält und alltägliche ›kleinere‹ Grenzüberschreitungen konfrontierend thematisiert, werden die Kinder und Jugendlichen weniger und seltener auffällig (vgl. dazu ausführlich Toprak 2017).

›Roter Faden‹ bei der Anwendung des konfrontierenden Gesprächsstils

1. **Zielvereinbarung:** Unabhängig davon, um welche konkreten Probleme es geht, möchten die Pädagog*innen von den Jugendlichen zunächst nur wissen, weshalb die Vereinbarungen nicht eingehalten bzw. die Aufgaben nicht erledigt wurden. Ausreden oder Erklärungen werden nicht akzeptiert. Die Nichteinhaltung der Vereinbarung oder Regel zieht sich thematisch als ›roter Faden‹ durch das Gespräch.
2. **Unnachgiebigkeit:** Unabhängig davon, welche Gründe vorliegen, dürfen die Pädagog*innen nicht nachgeben. Auffällige Jungen und Mädchen legen Nachgiebigkeit oder auch demokratisches Verhandeln häufig als Schwäche aus. Die meisten Jugendlichen wissen sehr wohl, wie die pädagogischen Fachkräfte ›ticken‹, weil sie ›pädagogentrainiert‹ sind. Gerade der verständnisvolle Ansatz wird von vielen Gewalt anwendenden oder devianten Jugendlichen missbraucht und gegen die Fachkräfte verwendet. Eine gängige Devise der Jugendlichen heißt: »Ich erzähle ihm meine schlechte und traurige Kindheit, und schon habe ich meine Ruhe.«
3. **Widerlegen:** Aussagen der Kinder und Jugendlichen sollten von den Fachkräften aufgeschrieben werden, damit Widersprüche offenkundig werden. Denn die meisten Kinder und Jugendlichen widersprechen sich selbst. In diesem Fall sollen sie nicht der Lüge bezichtigt werden, sondern ihre Aussagen sollen mit gezielten provokativen und konfrontativen Fragen abgeschwächt bzw. außer Kraft gesetzt werden.
4. **Ständiges Wiederholen:** Herausfordernde Jugendliche versuchen häufig, die Verantwortung für ihr Verhalten auf andere abzuwälzen. Entweder sind ›die anderen‹ daran schuld oder die ›kranke Mutter‹ etc. Hier sollten die Pädagog*innen beharrlich bleiben, bis der*die Jugendliche genervt aufgibt, seine*ihre Teilverantwortung übernimmt und keine Ausflüchte mehr sucht.
5. **Unterbrechen und verunsichern:** Wenn der*die Jugendliche nicht zum Punkt kommt oder bewusst vom Problem ablenkt, sollte man ihn*sie unterbrechen und erneut konfrontieren. Das permanente Unterbrechen und immer wieder auf den Punkt bringen zeigt, dass man in erster Linie an den Fakten interessiert ist und

den Rest für sekundär hält. Dieser Stil trägt dazu bei, dass der*die Jugendliche die Lust verliert, sein*ihr Verhalten schönzureden bzw. zu rechtfertigen.
6. **Keine Einsicht verlangen:** Einsicht verlangen ist ein gängiges pädagogisches Verfahren, wenn ein Konflikt gelöst werden soll. Dabei wird vom devianten Kind oder vom dem*der Jugendlichen Reue, Einsicht und schließlich eine Entschuldigung gefordert. Die Kinder und Jugendlichen sollen erkennen, dass ihr Fehlverhalten negative Konsequenzen hat; dies kann aber nicht durch die Forderung der pädagogischen Fachkräfte erreicht werden. In dieser Situation sind Jugendliche schnell bereit, Bedauern zu äußern, um der unangenehmen Situation zu entkommen und die pädagogischen Fachkräfte ›loszuwerden‹.

Allerdings sollten Pädagog*innen bei Jugendlichen, die kein Mitgefühl zeigen, in anderen Zusammenhängen versuchen, das Gefühl der Empathie zu fördern. Empathiefähigkeit ist nicht angeboren; sie wird bei einer positiven Sozialisation erworben. Wenn Jugendliche diesbezüglich ein Defizit haben, sollte diese Fähigkeit gefördert werden.

Konfrontation im Kontext des Salafismus?

Wenn man Konfrontative Gesprächsführung bei jungen Salafist*innen einsetzt, muss berücksichtigt werden, dass die salafistische Szene eine schwer zugängliche Gruppe darstellt. Der Zugang zu solchen Gruppen kann in den verschiedenen Öffentlichkeiten im Gemeinwesen mit der Konfrontativen Methode nicht geleistet werden, zumal die Gruppe, wie mehrfach betont, sehr heterogen ist. Mittlerweile gibt in der Praxis der Sozialen Arbeit allerdings einige Versuche, um auch diese Zielgruppe (sozial-)pädagogisch zu erreichen, wie wir oben aufgezeigt haben. Wenn sich die Jugendlichen in pädagogischen und schulischen Einrichtungen befinden, sich (noch) nicht radikalisiert haben, mehr oder weniger »Mitläufer« sind, kann aus Sicht der Autoren die Konfrontative Gesprächsführung in Betracht gezogen werden.

Die Regeln für den Einsatz der Konfrontativen Gesprächsführung gelten auch bei Jugendlichen, die mit Salafismus (auch islamistisch) argumentieren oder die salafistische oder islamistische Szene attraktiv finden. Wenn man das unten aufgeführte Beispiel der Konfrontativen Gesprächsführung genauer betrachtet, kann sehr festgestellt werden, dass Pädagog*innen dabei nicht über ein tiefgreifendes Wissen der kulturellen oder religiösen Besonderheiten verfügen müssen. Allerdings sollten die pädagogischen Fachkräfte die widersprüchlichen, zuweilen auch die oberflächlichen Argumentationslinien der Jugendlichen erkennen können, um darauf konfrontativ zu reagieren. Ein gewisses interkulturelles und interreligiöses Wissen dient dazu, von Stereotypen und Vorurteilen geprägte Argumentationen zu vermeiden.

Konfrontation ist nicht nur ratsam, sondern sogar zwingend notwendig, wenn neben den oben ausführlich dargelegten Regeln zwei weitere zentrale Aspekte beachtet werden:

1. Pädagogische Fachkräfte sind in ihrem Alltag des Öfteren mit der Tatsache konfrontiert, dass Kinder und Jugendliche behaupten, bestimmte Dinge (wie

etwa Make-up bei Mädchen oder ein langer Bart bei Jungen) seien verboten, weil ihre Religion dies so vorschreibe. Bei der Konfrontation geht es dann nicht darum, was Religion ist und ob man diesen ›Vorgaben‹ folgen soll. Vielmehr sollen die Pädagog*innen wertfreie und einfache Fragen stellen, um mögliche Widersprüche herauszuarbeiten. Denn der Großteil der Kinder und Jugendlichen, die in den Jugendhilfeeinrichtungen direkt oder indirekt mit Salafismus argumentieren, sind als »Mitläufer« zu bezeichnen und haben sich keine tiefgreifenden Gedanken darüber gemacht. Konfrontation hilft in diesem Fall und gibt den Kindern und Jugendlichen Orientierung, um das eigene Verhalten bzw. die eigene Argumentation zu reflektieren.
2. Vor allem in der Adoleszenz möchten Heranwachsende mit ihrer Vorgehensweise in erster Linie die Erwachsenen – auch Lehrkräfte und Sozialpädagog*innen – provozieren. Um dieser Provokation Nachdruck zu verleihen, sind sie in ihrem Auftreten scheinbar selbstsicher und selbstbewusst. Das verunsichert die Fachkräfte, weil sie – u. a. wegen des eingeschränkten Wissens – keine Fehler riskieren möchten. Es ist zu empfehlen, sich vom scheinbar selbstbewussten Auftritt der Jugendlichen nicht beeindrucken zu lassen. Denn hinter der Fassade sind oft Unwissenheit und/oder Unsicherheit verborgen, die nach einer Konfrontation zum Vorschein kommen.

Die Konfrontation im Kontext des Salafismus soll anhand eines Fallbeispiels dargestellt werden.

Fallbeispiel: Ein Jugendlicher möchte mit »Ungläubigen« nicht diskutieren.

Dieser Fall wurde während einer zweitägigen Fortbildung in Hannover geschildert. Ein möglicher Gesprächsverlauf wurde in der Fortbildungsgruppe konstruiert.

Vorbemerkungen

Der 16-jährige Muhammet besucht die neunte Klasse einer Gesamtschule in Hannover. Von der fünften bis zur achten Klasse fällt Muhammet in der Schule nicht besonders auf. Er ist zwar kein besonders guter Schüler, aber er ist auch nicht so schlecht, dass seine Versetzung gefährdet wäre. Er spielt Fußball in der Schülermannschaft sowie im Verein und hat in der achten Klasse eine Freundin. In seiner Freizeit geht er mit seinen Freunden ins Kino, besucht McDonalds oder spielt Computerspiele. Mit anderen Worten: ein ›typischer‹ Junge für sein Alter. Gegen Ende der achten Klasse trennt er sich von seiner Freundin Melanie mit der Begründung, dass sie keine Muslima sei. Ab der neunten Klasse verändert er sich auch äußerlich: Er lässt sich einen Bart wachsen, zieht keine Jeans oder engen Hosen mehr an und spricht mit Mädchen in seiner Klasse nicht mehr. Wenn er sich im Unterricht zu Wort meldet, dann versucht er zu erklären, warum die anderen »Ungläubige« seien und Sünden begehen würden. Er beschimpft und beleidigt andere Mitschüler als »Ungläubige«. Er sprengt jede Unterrichtsstunde mit der gleichen Vorgehensweise.

Wir sind zwar hier im Handlungsfeld Schule. Aber für den Konfrontativen Ansatz ist das irrelevant. Konfrontation findet immer dort statt, wo das Problem auftritt. Das Gespräch kann so auch von einem*einer Sozialarbeiter*in in einem Jugendzentrum oder in einer Wohngruppe stattfinden. Während des Sozialkundeunterrichts konfrontiert ihn sein Lehrer mit seinem Verhalten und seiner Argumentation, weil Muhammet es für »ungläubig« hält, dass Mädchen und Jungen im selben Raum unterrichtet werden:

R.: Muhammet was findest du ungläubig?
M.: Ja, alles halt.
R.: Was meinst Du mit »alles«?
M.: Ja, wenn Mädchen und Jungen hier zusammensitzen und solche Dinge.
R.: Was genau ist daran schlimm?
M.: Meine Religion sagt: Das ist Sünde!
R.: Was meinst du mit »meine Religion«?
M.: Islam halt. Im Islam sollen Frauen und Männer getrennt sitzen und sich anständig benehmen.
R.: Ehrlich gesagt, habe ich das so nicht gehört. In der Türkei gehen auch Mädchen und Jungen in die gleiche Schule und sitzen gemeinsam in der Klasse.
M.: Die begehen auch Sünde und kommen in die Hölle!
R.: Was genau ist Sünde? Wir sitzen, diskutieren und lernen doch hier zusammen.
M.: Trotzdem ist das Sünde. Gott hat das so nicht vorgesehen!
R.: Wie hat denn der Gott das vorgesehen?
M.: Meine Religion sagt, du sollst beten, anständig sein und dich von allen Sünden fernhalten.
R.: Du hast mir aber immer noch nicht gesagt, was diese Sünden sind?
M.: Kein Genuss, weißt du: keine Cola, kein McDonalds, Alkohol sowieso nicht und für die Religion da sein.
R.: Das kannst du ja machen. Hindert dich doch keiner. Warum kommst du damit hierhin?
M.: Weil die anderen mich nerven.
R.: Und was ist mit dir? Du nervst die anderen auch. Warum willst du die anderen verändern, wenn du selber nicht weißt, was du willst?
M.: Ich weiß schon, was ich will …
R.: Was denn?
M.: Ja ja, ist schon gut!
R.: Sag's doch!
M.: Ne, ist gut!
R.: Wenn das so ist, beachte die Regeln in der Schule und Unterricht. Keine Beleidigungen, keine Beschimpfungen, keine Bevormundung. Außerdem würde ich gerne mal mit deinen Eltern reden.
M.: Warum denn? Was haben meine Eltern damit zu tun?

R.: Einfach so. Und jetzt beenden wir diese Diskussion.

Vorteile der Konfrontation

Muhammet nimmt zwar den Begriff »Salafismus« nicht in den Mund und ›argumentiert‹ ausschließlich auf der religiösen Ebene. Aber genau das scheint das Problem zu sein: Denn die Jugendlichen werden von Salafist*innen angesprochen und die Ideologie des Salafismus als genuine religiöse Einstellung vermittelt. Mit einfachen wertfreien Fragen und, wenn es notwendig ist, mit Vergleichen hinterfragt hier der Lehrer die Argumente des Jugendlichen. Es wird deutlich, dass Muhammet nicht sehr überzeugend darlegen kann, was die Inhalte seiner Religion sind. Hier macht der Lehrer deutlich, dass er ihn im Auge behält, weil er mit seinen Eltern ein Gespräch führen möchte. Denn alleine Konfrontation ist nicht immer hilfreich. Mit Hilfe der Eltern sollte herausgefunden werden, weshalb sich Muhammet verändert hat. Es ist durchaus möglich, dass die Eltern hilfreiche Impulse geben wie z. B., dass solche Einstellungen im Elternhaus nicht vermittelt werden. Und die Eltern, Lehrkräfte und Schulsozialarbeiterinnen können gemeinsam eruieren, wie Muhammet ›geholfen‹ werden kann.

Grenzen der Konfrontativen Gesprächsführung

Wie alle pädagogischen Methoden hat auch die Konfrontative Gesprächsführung Grenzen, die in drei Punkten zusammengefasst werden können:

1. **Unterstützung durch flankierende Maßnahmen:** Wie oben mehrfach betont wurde, ist der Konfrontative Ansatz kein Allheilmittel, sondern nur ein Baustein in der pädagogischen Arbeit mit schwierigen und sozial auffälligen Kindern und Jugendlichen. Es ist wichtig, dass die Konfrontation von flankierenden Maßnahmen begleitet wird. Denn eine Konfrontation verpufft, wenn die Kinder und Jugendlichen nicht durch Einzelgespräche, Einbeziehung der Eltern und/oder durch die Stabilisierung der persönlichen Situation aufgefangen werden. Wenn die Konfrontation nicht auf der Grundlage einer tragfähigen Beziehung eingesetzt wird, kann sie den Kindern und Jugendlichen mehr Schaden zufügen als nutzen. Das soll anhand eines Beispiels dargestellt werden: Eine Lehrerin, die gerade in ihrer neuen Schule den Dienst aufnimmt, konfrontiert am ersten Tag den 13 Jahre alten Umut, der aus der Pause zu spät in den Unterricht kommt. Der Junge reagiert auf die Konfrontation nicht und setzt sich auf seinen Stuhl. Er weint die ganze Stunde über und ist nicht zu beruhigen. Wenn die Lehrerin Umut besser gekannt hätte, hätte sie auf die Konfrontation vermutlich verzichtet, da diese bei sensiblen und introvertierten Kindern und Jugendlichen kontraproduktiv ist.
2. **Kommunikative Kompetenzen bzw. Gesprächsbereitschaft:** Die meisten pädagogischen Maßnahmen sind an gute und ausgewogene kommunikative Kompetenzen der Kinder und Jugendlichen gekoppelt wie beispielsweise Mediation, Täter-Opfer-Ausgleich oder Konfliktschlichtungsprogramme. So werden

auch bei der Methode der Konfrontativen Gesprächsführung gute sprachliche und argumentative Kompetenzen vorausgesetzt. Wenn diese oder die nötige Gesprächsbereitschaft fehlen, stößt die Methode an ihre Grenzen.
3. **Kognitiven Kompetenzen und Fähigkeiten:** Neben kommunikativen Kompetenzen wird bei der Konfrontativen Gesprächsführung erwartet, dass die Kinder und Jugendlichen kognitiv und intellektuell in der Lage sind, die Konfrontation richtig einzuordnen bzw. einzuschätzen. Wenn diese Fähigkeiten vermindert sind oder eine geistige Behinderung vorliegt, kann die Konfrontative Gesprächsführung nicht erfolgreich sein.

Interpretation des Konfrontativen Ansatzes

Wer mit Methoden der Konfrontativen Gesprächsführung Jugendliche migrationssensibel, also unter Berücksichtigung ihrer spezifischen Lebensumstände und besonderen Ressourcen, fördern will, damit sie ihr Leben und ihre Zukunft im Sinne des Gesetzes und einer liberalen Gesellschaft gestalten können, kommt nicht umhin, eine Brücke zu schlagen zwischen den migrationsspezifischen Rahmenbedingungen und den Zielen der Institutionen. Analog zu einem Architekten, der für die Konstruktion einer Brücke die Distanz und Beschaffenheiten beider (Ufer-)Seiten analysiert, bevor er mit der konkreten Arbeit beginnt, ist die Vorbereitung und das Hintergrundwissen auch in der pädagogischen Arbeit von fundamentaler Bedeutung. Konfrontation ist also immer auch eine Form der Verständigung bzw. ein erster Schritt zur Verständigung. Dabei sei betont: Was dem Architekten das Gesetz der Schwerkraft, ist dem*der Pädagog*in das deutsche Recht.

> Das Motto muss lauten: grundsätzlich gleiche Regeln, aber nach Notwendigkeit ein anderer Zugang und eine andere Umsetzung! Das bedeutet, die besonderen Bedingungen, unter denen Jugendliche mit Migrationshintergrund aufwachsen, immer im Hinterkopf zu behalten. Insbesondere die identifikativen Krisen aufgrund der kulturellen und sozialschichtbezogenen Herkunft stellen für sie Belastungen dar, die zusätzlich zu den adoleszenz- und geschlechtsspezifischen Problemlagen die Jugendphase erschweren. Die Konfrontation sollte also als Sprungbrett für Verständigung gesehen werden.

Wie bereits dargestellt, kann die konfrontative Methode nicht für sich beanspruchen, ein Allheilmittel gegen die Angebote salafistischer Gruppierungen zu sein. Sollen Deradikalisierungsstrategien erfolgversprechend sein, müssen sie zu einem möglichst frühen Zeitpunkt zum Einsatz kommen. So wie im Beispiel angewendet, ermöglichen sie einen Zugang in die Argumentation und die Argumentationslogik der Adressat*innen. So wird ein erster Einblick in die Aneignungsstufe des*der Adressat*in erreicht. Je stärker und festgefahrener die Argumentation, desto weiter scheint auch die Einbindung in entsprechende Gruppierungen zu sein. Ausgehend von dieser Erkenntnis werden Möglichkeiten weiterer Vernetzung mit Eltern (▶ Kap. 6.2), weiteren Fachlehrer*innen und Beratungsstellen und die Planung weiterer pädagogischer Maßnahmen ermöglicht.

6.2 Ansätze interkultureller Elternarbeit

Bevor wir die Ansätze der interkulturellen Elternarbeit und die Bedeutung der Bildung in Familien erläutern, wollen wir zunächst auf die Bedeutung von interkultureller Kompetenz eingehen.

Interkulturelle Kompetenz und interkulturelles Lernen

In der Literatur werden sehr viele und unterschiedliche Definitionen der Interkulturellen Kompetenz diskutiert. Knapp-Potthoff definiert diesen Begriff folgendermaßen: Interkulturelle Kompetenz »ist die Fähigkeit, mit Mitgliedern fremder Kommunikationsgemeinschaften (Kulturen) ebenso erfolgreich Verständigung zu erreichen, wie denen der eigenen, dabei die im Einzelnen nicht genau vorhersehbaren, durch Fremdheit verursachten Probleme durch Kompetenzstrategien zu bewältigen und neue Kommunikationsgemeinschaften aufzubauen« (Knapp-Potthof 1997, S. 196). Hinz-Rommel, ein Verfechter des Begriffs, definiert ihn ähnlich: »Interkulturelle Kompetenz wird hier verstanden als die Fähigkeit, angemessen und erfolgreich in einer fremdkulturellen Umgebung oder mit Angehörigen anderer Kulturen zu kommunizieren« (Hinz-Rommel 1996, S. 20 f.).

In der Regel wird die Person als interkulturell kompetent beschrieben, die in der Lage ist, die kognitiven Kompetenzen mit den Handlungskompetenzen zu verzahnen. Was verbirgt sich aber hinter diesen abstrakten Begriffen? Hinter dem Begriff interkulturelle *Handlungskompetenz* finden sich – nach Gaitanides (2008) – folgende Kompetenzen:

- *Empathie* ist die Bereitschaft und die Fähigkeit zur Einfühlung in Menschen anderer kultureller Herkunft.
- *Rollendistanz* ist einerseits die dezentrierte kulturelle und soziale Selbstwahrnehmungsfähigkeit und andererseits die Fähigkeit zur Einnahme der anderen Perspektive und Relativierung der eigenen Sichtweise.
- *Ambiguitätstoleranz* ist die Fähigkeit, Ungewissheit, Unsicherheit, Fremdheit, Nichtwissen und Mehrdeutigkeiten auszuhalten, die Neugier und die Offenheit gegenüber dem Unbekannten, das Respektieren anderer Meinungen und die Abgrenzungs- und Konfliktfähigkeit.
- *Kommunikative Kompetenz* ist die Sprach-, Dialog- und Aushandlungsfähigkeit sowie Verständigungsorientierung.

Unter interkulturellen *kognitiven* Kompetenzen versteht Gaitanides folgende Bereiche:

- Kenntnisse über Herkunftsgesellschaften, Herkunftssprachen und eigene Auslandserfahrungen,

- Kenntnisse über geschichtliche Prägungen, politische/sozioökonomische Strukturen, kulturelle Standards und spezifische kollektive Identitätsprobleme der Mehrheitsgesellschaft des Einwanderungslandes,
- Kenntnisse über Struktur und Entwicklung, über Ursachen und Folgen von Migrationsprozessen,
- Kenntnisse über das migrationsspezifische Versorgungsnetz und über die spezifischen Zugangsbarrieren zu den Regelangeboten der sozialen und psychosozialen Dienste,
- Kenntnisse über die Binnendifferenzierung der Einwander*innengruppen bzw. deren Schichtung,
- Kenntnisse über den rechtlichen, politischen und sozialen Status der Migrant*innen,
- Kenntnisse über Erscheinungsformen und Ursachen von Vorurteilsbereitschaft und Rassismus,
- Kenntnisse über theoretische Prämissen, Strategien und Methoden interkulturellen Lernens und antirassistischer Arbeit.

Interkulturelle Kompetenz wird also als ein Anforderungsprofil beschrieben, das sowohl kognitive Kompetenzen als auch Handlungskompetenzen verbindet. Der Erwerb der kognitiven Kompetenzen reicht für sich nicht aus. Im Gegenteil »Die Ansammlung von Wissensbeständen über die Zielgruppe allein – ohne die Ausbildung von Handlungskompetenz – kann sogar kontraproduktiv sein« (Gaitanides 2008, S. 10). Vielmehr ist es notwendig, dass sich pädagogische Fachkräfte darüber hinaus Handlungskompetenzen aneignen.

Um muslimische Jugendliche und ihre Eltern bei Erziehungsfragen gezielt und adäquat beraten zu können, sollten die Fachkräfte entsprechend geschult werden. Der Besuch eines Wochenendseminars im Bereich der »interkulturellen Kompetenz« geht zwar in die richtige Richtung, reicht aber bei Weitem nicht aus, um die Hintergründe und die kognitiven Hypothesen der Kinder, Jugendlichen und deren Eltern vollständig zu verstehen – auch die Lektüre dieses Buchs dient lediglich der Weiterentwicklung kognitiver interkultureller Kompetenz.

Kommunikation: Missverständnisse und Gelingensbedingungen

Aufgrund der traditionellen Erziehungsziele muslimischer Eltern spielen Aspekte wie Autorität und Respekt eine besondere Rolle, insbesondere zwischen den Kindern und dem Vater. Die Körpersprache ist hier u. a. von entscheidender Bedeutung. Während die deutschen Jugendlichen in der Erziehung ermuntert werden, selbstbewusst und selbstständig zu sein, wird bei den muslimischen Jugendlichen Loyalität und Gehorsam gegenüber den Erziehungsberechtigten gefördert und gefordert. Gehorsamkeit gegenüber den Erziehungsberechtigten impliziert, dass Kinder und Jugendliche genau das tun, was der Erziehungsberechtigte von ihnen verlangt, und zwar ohne Widerrede. Dabei wird eine bestimmte Verhaltensweise muslimischer Jugendlicher gegenüber Autoritätspersonen häufig missverstanden. Einer höhergestellten Person nicht direkt in die Augen zu schauen und stattdessen den Blick auf den Boden zu richten, ist eine in der muslimischen Kultur typische Verhaltensnorm. Denn ein direkter Augenkontakt bedeutet ›gleiche Augenhöhe‹ und wird von den Eltern als Aufsässigkeit und Provokation interpretiert. Wird ein*e Jugendliche*r in dieser Form von gleichaltrigen Jugendlichen angeschaut, wird dies daher häufig als ›Anmache‹ interpretiert. Der Blickkontakt, wie er in Deutschland über den Augenkontakt üblich ist, wird in der Familie nicht erlernt.

Wenn ein Kind mit muslimischem Hintergrund beispielsweise während eines Gespräches mit einem deutschen Pädagogen die Augen nach unten richtet, ist das in der Regel keine Demonstration des Desinteresses, sondern das Zusammenprallen zweier unterschiedlicher Erziehungskonzepte: Das Kind demonstriert mit auf dem zu Boden gerichteten Blick Respekt und erkennt damit die Autorität des Pädagogen an. Wenn der Pädagoge auf dieses Verhalten erwidert: »Schau mich an, wenn ich mit dir rede«, dann führt dies unter Umständen zu einer zusätzlichen Irritation, die dann von dem eigentlichen Gesprächsziel ›ablenkt‹. Damit ist nicht gemeint, dass man den Blickkontakt nicht trotzdem fördern sollte, sondern dass man – im Gegenteil – dies nur dann fördern kann, wenn man die Hintergründe für das Verhalten kennt. Der Jugendliche hat ggf. eine Regel gebrochen, die für ihn ungewohnt war, die nicht in für ihn verständlicher Weise sanktioniert wird und sein – aus seiner Sicht – respektvolles Verhalten wird nicht anerkannt. Wie sich diese Schwierigkeiten und Irritationen aus der Sicht eines Jugendlichen darstellen, lässt sich an folgendem Fallbeispiel (Mehmet, 13 Jahre, Gymnasiast) zeigen.

»Immer was anderes, die ham manchmal nett mit einem geredet, manchmal wie wenn man ein Schwerverbrecher ist. Und immer sagen die, ›Halt dich an die Regeln‹ oder ›Gib dir mehr Mühe‹ und so. Ich hab nix verstanden. […] Meine Mutter hat immer gesagt, ›Du musst immer Respekt haben vor Lehrer, als ob das dein Vater ist.‹ Aber das geht nicht. Das geht so nicht. Die wollen ja, das ich was sage, also die wollen echt Antworten hören. Bei meinem Vater darfst du nicht antworten. […] Wenn ich in der Schule so mache wie zu Hause, dann bin ich ein Schleimer. Das will der Lehrer nicht, so ein Respekt.«

Zur Bedeutung von Elternarbeit

Elternarbeit ist ein zentraler Aspekt, um die Entwicklung von Kindern und Jugendlichen fördern zu können. Eine positive Beziehung zwischen Eltern und Kindern gilt als Schutzfaktor für die psychosoziale Entwicklung. Im partnerschaftlichen Dialog und in der Kooperation zwischen Eltern und Pädagog*innen soll die erzieherische Kompetenz der Eltern unterstützt werden (Bernitzke/Schlegel 2004). Hier gilt es, die Eltern als Kooperationspartner*innen, als Expert*innen für ihre Kinder zu betrachten. Dazu müssen die Eltern zunächst einmal erreicht werden. Vielen Eltern ist es nicht immer bewusst, wenn ihre Kinder in die salafistische Szene abgleiten, weil die Grenze zwischen religiöser Frömmigkeit und religiösem Extremismus fließend sein können und für viele Eltern nicht immer erkennbar sind. Im folgenden

Abschnitt werden Hintergründe für die Arbeit mit Eltern, speziell mit Eltern aus muslimisch geprägten Milieus, erläutert, um dann wichtige Verhaltensweisen für den Umgang herauszuarbeiten. Am Schluss des Kapitels folgen einige Hinweise auf Elterntrainings unter besonderer Berücksichtigung von Angeboten im interkulturellen Kontext.

In den meisten sozialen Einrichtungen hat sich der Umgang mit türkeistämmigen und arabischen Kindern, Jugendlichen und deren Eltern seit Ende der 1980er Jahre intensiviert. Vorher haben die pädagogischen Fachkräfte dieses Klientel aufgrund der »geringen Deutschkenntnisse« an die Sonderdienste – beispielsweise an die »Arbeiterwohlfahrt für die türkische Bevölkerungsgruppe« – verwiesen. Seit ca. 25 Jahren ist vielen klargeworden, dass die Probleme und Herausforderungen der Migrant*innen aus muslimisch geprägten Familien sich nicht auf geringe Sprachkenntnisse reduzieren lassen, sondern in die Zuständigkeiten der sozialen Regeldienste gehören. Neben Fähigkeiten wie z.B. Empathie, Rollendistanz, Ambiguitätstoleranz und kommunikative Kompetenz müssen sozialpädagogische Fachkräfte heute auch in der Lage sein, mit unterschiedlichen kulturellen, religiösen und sozialen Hintergründen der Migrant*innen umzugehen. Dazu gehört bei traditionell geprägten muslimischen Familien das Einhalten eines bestimmten Verhaltenskodexes. Um diese interkulturellen Kompetenzen zu stärken, werden den pädagogischen Fachkräften in diesem Kapitel praktische Hinweise gegeben.

Fachkräfte aus der Praxis haben die Arbeit mit Eltern in unterschiedlichen Kontexten überprüft. Ihre Erfahrungen machen deutlich, dass die Arbeit mit muslimischen Eltern oft schon daran scheitert, dass diese erst gar nicht erreicht und angesprochen werden können. Häufig sind Missverständnisse und unterschiedliche Kommunikationsformen zwischen Berater*in und Klientel der Grund dafür. Es wird immer hervorgehoben, welchen präventiven Charakter Bildung darstellt. Bevor wir auf die konkrete Vorschläge bei Hausbesuchen eingehen, wollen wir auf die Bedeutung der Bildung in Familien eingehen. Danach werden »Türöffner« und »Stolpersteine« benannt, die besonders im Umgang mit traditionell geprägten muslimischen Familien zu beachten sind. Um den Rahmen nicht zu sprengen, wird die Bedeutung der Hausbesuche als exemplarisches Feld erläutert.

Zur Bedeutung der (schulischen) Bildung

Auch 60 Jahre nach der Migration nach Deutschland ist es zu beobachten, dass sich die muslimischen Migrant*innen im komplizierten Schul- und dualen Ausbildungssystem nicht immer ausreichend auskennen. Die Eltern vergleichen das Schulsystem mit dem in ihren Herkunftsländern. Die dortigen Schulsysteme sind kaum differenziert und damit auch für Laien leicht zu überblicken: Im Gegensatz zum deutschen System sind sie stufenförmig aufgebaut, d.h., der kontinuierliche Besuch einer Grundschule, einer Mittelschule und anschließend – für einige Schüler*innen – eines dreijährigen Gymnasiums führen zum Erwerb der allgemeinen Hochschulreife. Mehrere Schultypen gibt es nicht.

Weiterhin ist es in den Herkunftsländern zu beobachten, dass die Eltern sich sehr selten in die schulischen Angelegenheiten einmischen. Dort herrscht die allgemeine

Meinung, dass die Schule und die Lehrkräfte das einzig Richtige und Angemessene tun werden, und alle Entscheidungen werden mit großem Respekt angenommen. Ein Widersprechen ist nicht angemessen und wird als Kompetenzüberschreitung der Eltern interpretiert.

Traditionell haben die Schule als Institution und der Lehrberuf bei den muslimischen Migrant*innen einen hohen Stellenwert und werden als eine der wichtigsten Erziehungsinstanzen neben der Familie gesehen. Auch hier werden die praktischen Erfahrungen aus dem Herkunftsland auf das System in Deutschland projiziert: Die Eltern erwarten von der Schule bzw. von den Lehrkräften, dass sie sich nicht nur den schulischen Belangen der Kinder widmen, sondern die Kinder auch bei deviantem Verhalten korrigieren. Sich in die schulischen Angelegenheiten einzumischen, finden die Eltern unangemessen und unhöflich; das ist auch – neben den Sprachproblemen – der Hauptgrund für die Abstinenz in den Elternsprechstunden.

Unsere Beobachtungen aus der Szene und die Kontakte mit den Eltern belegen, dass die Schule bzw. die Lehrkräfte rigider und restriktiver auf Regelbrüche reagieren soll, um dem Erziehungsauftrag besser gerecht zu werden. Aus der Perspektive der Eltern werden den Schüler*innen viele Freiräume gestattet, womit vor allem Jugendliche in der Adoleszenz nicht umgehen können. Das Übernehmen von Verantwortung, das erwartete kommunikative Durchsetzungsvermögen und die Förderung von Individualität erfolgt aus Sicht der Eltern in der Schule viel zu früh, weil die Kinder gewisse Entscheidungen und Verhaltensweisen in einem bestimmtem Alter nicht treffen und reflektieren können. Fehler und Frustrationen seien dadurch vorprogrammiert. Ein exemplarisches Beispiel dafür ist das Interview mit dem Ingenieur und Vater Ismet.

> »Individualität, was die Lehrer immer wieder fordern und fördern, aber was ist mit Gemeinschaft, Nachbarschaft, Aufeinander-angewiesen-Sein, nachbarschaftliches Engagement und so weiter. Die Christen, das sind doch auch die Lehrer, reden von den Nächstenliebe, tun aber das Gegenteil. Wie soll ein Dritt- oder Viertklässler wissen, ob er Arzt oder Dachdecker werden will.[3] [...] Man muss nicht immer die Kinder verstehen, wenn das Kind Blödsinn macht. Man muss das Kind auch bestrafen, ohne dem Kind tausend Gründe dafür zu nennen. Dann ist der Wert der Bestrafung aus meiner Sicht nicht mehr gewährleistet. Die erwarten von einem Kind, das Mist baut, auch noch Einsicht. Wenn ein Kind einsichtig wäre, würde er doch diesen Fehler nicht machen. Ich verstehe nicht, was das Ganze eigentlich soll.«

Folgende Erwartungen haben viele muslimische Eltern an die Erziehungspraxis in der Schule:

---

3 Der Interviewpartner meint die frühe Selektion in Hauptschule, Realschule und Gymnasium.

- Dem Kind sollen klare Grenzen gesetzt werden. Die Erwartung, Kinder sollen bestimmte Dinge selbstständig erledigen, kooperativ mit anderen zusammenarbeiten und selbst einsichtig sein, ist aus der Perspektive der Eltern unverständlich.
- Dem Kind sollen nicht zu viele Entscheidungs- und Handlungsspielräume überlassen werden, d. h., dass die Lehrkraft entscheiden soll, was das Richtige für jedes Kind ist. Das Vertrauen in die Lehrer*innen ist größer als in das Kind.
- Eine klare Rollenaufteilung zwischen Schule und Familie, was bedeutet, dass die Schule eigenverantwortlich Entscheidungen treffen soll und nicht bei jeder Angelegenheit die Schüler*innen bzw. deren Eltern miteinbezieht.
- Die Eltern erwarten zudem, dass die Lehrer*innen mehr Respekt, Disziplin und Ordnung von den Schüler*innen einfordern. Die Rolle des*der Lehrer*in in Deutschland wird seitens der Eltern als zu liberal eingeschätzt, was die Jugendlichen häufig überfordert. Diese zwei unterschiedlichen Konzepte – einerseits die Restriktion im Elternhaus, andererseits die Liberalität in der Schule – von »Umgang mit Autoritäten« führen dazu, dass die Jugendlichen – vor allem die Jungen – im Umgang mit Lehrer*innen überzogene Verhaltensweisen an den Tag legen.

Dies soll anhand eines Interviewauszuges mit Arzu, Juristin und Mutter von zwei Kindern, präzisiert werden.

»Wir versuchen, wie ich eben bereits auszuführen versucht habe, den Kindern gewisse Werte, wovon wir überzeugt sind, zu vermitteln. […] Dazu gehört zum Beispiel, dass man älteren Menschen, Onkel, Tanten, Großeltern und so weiter mit Respekt begegnet; nett, freundlich und zurückhaltend zu sein. Das kann man eigentlich in Deutsch nicht so gut beschreiben. Ein Ausdruck im Türkischen bringt das Ganze aus meiner Sicht auf den Punkt: Büyüklere karsi saygili olmak[4]. Egal, wie viele Generationen wir in Deutschland leben werden, gewisse Wertvorstellungen dürfen wir einfach nicht über Bord werfen. […] Das Ganze klappt aus meiner Sicht in der Familie ganz gut. Was mir oft Kopfschmerzen macht, ist die Situation in der Schule. Viele Kinder können den Anforderungen der Eltern und die Anforderungen der Lehrer nicht miteinander verbinden. […] Ich meine damit Folgendes: Wir bringen den Kindern bei, Respekt vor älteren Menschen zu haben – dazu gehören selbstverständlich auch die Lehrer – und die Lehrer fordern das von den Schülern nicht, sie sind natürlich aufgrund ihrer Ausbildung auf Konsens und Demokratie fixiert. Wenn natürlich diese beiden Grundideen aufeinander prallen, haben die kleinen Kinder Schwierigkeiten, zu unterscheiden. […] Weil viele Jungen in Anwesenheit der Väter schweigen müssen, sind sie umso frecher, wenn sie einen Lehrer treffen, die sie aussprechen lassen. […] Was die Lösung ist? Die Lösung ist, die Lehrer müssten für mehr Disziplin und Ordnung sorgen, dann hätten wir viele dieser Probleme in der Schule nicht.«

---

4 »Respekt vor Autoritäten«.

Man erkennt hier also sehr deutlich, dass diese Werte im Hinblick auf die Erziehung der Kinder – insbesondere Respekt vor Autoritäten – auch in Akademikerfamilien vorliegen. Die Eltern bemängeln, dass die Schule nicht ›am selben Strang‹ zieht wie die Familie. Hier liegt gewissermaßen das Gegenstück dessen vor, was von Lehrer*innen häufig bemängelt wird, nämlich dass die Familien gewisse erzieherische ›Vorleistungen‹ nicht vollbringen, die für die Schule wichtig wären: nämlich Selbstständigkeit. Respekt und Achtung vor Autoritätspersonen und älteren Menschen sind in den Familien die wichtigsten und in der Schule eher sekundäre Erziehungsziele – anders sieht es mit dem Ziel der Selbstständigkeit aus. Diese konkurrierenden Erziehungsideale machen Elternarbeit notwendig.

Während also muslimische Arbeiter- und Akademikerfamilien in Bezug auf die Erziehungsideale ähnliche Präferenzen aufweisen, zeigen sich zwischen den beiden Gruppen sehr deutliche Unterschiede im Bildungsverständnis. Unserer Ansicht nach muss die Bedeutung von Bildung und Schule sehr differenziert betrachtet werden. Wenn man Eltern egal welcher sozialen und kulturellen Herkunft fragt, welche Bedeutung sie Bildung beimessen, wird das Ergebnis relativ ähnlich sein: Natürlich ist Bildung wichtig! Wenn man Arzt oder Anwältin werden will, dann muss man gut in der Schule sein und studieren. Das weiß jede*r. Bei genauerer Betrachtung erkennt man dennoch deutliche Unterschiede. Denn es muss betrachtet werden, welche Vorstellung von Bildung vorliegt und was konkret für die Bildung der Kinder getan wird. Insbesondere im traditionellen muslimischen Arbeitermilieu ist ein eigensinniger Bildungsbegriff etabliert: Wer schlecht in der Schule ist, hat kein Talent und muss ein Handwerk lernen. Entsprechend könne man kaum etwas dagegen tun, wenn Leistungsrückstände erkannt werden. Es liegt also ein ›natürliches‹ Verständnis von Bildung vor, bei dem die Veranlagung die entscheidende Rolle spielt und die familiäre Einflussnahme sehr begrenzt ist. Die Bedeutung präventiver und frühkindlicher Förderung wird entsprechend nicht erkannt und findet in der Familie auch nicht statt, weshalb auch die frühkindlichen Erziehungseinrichtungen kaum (regelmäßig) aufgesucht werden. Dieses Bildungsverständnis ist besonders deshalb verheerend, weil bereits im vierten Schuljahr eine grundlegende Entscheidung ansteht – nämlich der Übergang auf die differenzierte Sekundarstufe 1 (in einem einheitlichen Schulsystem wäre es nicht ganz so verheerend, da ein größerer Zeitraum bis zu grundlegenden Differenzierungen besteht). Eine andere Variante – die häufig bei jenen Eltern der zweiten Generation, die also selbst die Schule in Deutschland durchlaufen haben, zu beobachten ist – kann auf folgende Formel reduziert werden: In Deutschland haben unsere Kinder keine Chance. Beide Varianten lassen erkennen, dass die Schulen relativ wenig ›Unterstützung‹ durch die Eltern erwarten können. Dabei geht es um das Zustandekommen von erfolgreichen Bildungskarrieren: Sollte ein Kind – aus welchen Gründen auch immer – gut durch die Schule kommen, wird es auch dabei unterstützt, zu studieren; allerdings werden nicht im Voraus Anstrengungen unternommen, das Kind zu fördern. Die herausragende Bedeutung von Musikunterricht, Sport, Kunst und Kultur für die frühe Förderung von Kindern wird von den Eltern kaum erkannt.

Das entscheidende Dilemma, dem sich jede systematische Förderung stellen muss, hängt weniger mit den innerunterrichtlichen Lernprozessen im engeren Sinne zusammen, sondern eher mit den Widersprüchen zwischen der Funktionslogik der Schule und der Erziehungslogik der Familie. Während die Logik der Schule auf Kompetenzen wie Selbstständigkeit, Selbstdisziplin, Selbstmotivation, Individualität und Kooperation und damit nicht nur kognitivistisch ausgerichtet ist, verfolgt die Familie eine Logik, bei der Kollektivität, Kontrolle und Gehorsam im Vordergrund stehen.

> Diese beiden Lebenswelten sind in der Tat unterschiedliche Welten mit sehr verschiedenen Funktionsweisen – und beide Pole beanspruchen für sich, das richtige Ideal zu vertreten. Dadurch geraten die Jugendlichen in teilweise enorm widersprüchliche Situationen. Entsprechend legen insbesondere Jungen ihre Schwerpunkte auf die Lebenswelt der Peers, da hier Widersprüchlichkeiten kaum vorhanden sind bzw. die Widersprüchlichkeiten aufgelöst werden, indem Aspekte aus beiden Welten übernommen werden, die als nützlich eingeordnet werden. Die Suche nach Kollektivität und Hierarchie, das Bedürfnis nach Stärke und Erfolg sowie nach Konsum und Action werden hier erfüllt.

Vor diesem Hintergrund können folgende Empfehlungen bei Hausbesuchen besser sortiert und verstanden werden.

Die Bedeutung der Hausbesuche in der Arbeit mit Eltern mit Migrationshintergrund

Es muss vorausgeschickt werden, dass Hausbesuche – sei es im Kontext von Schule, Erziehungshilfe oder Schuldnerberatung etc. – in der Regel negativ bewertet werden. Dies gilt auch bei autochthonen deutschen Familien. Behördliche Hausbesuche werden mit Problemen in Verbindung gebracht, die die Familie nicht aus eigener Kraft bewältigen kann. Hilfe von außen in Anspruch zu nehmen impliziert, dass die Familie nicht intakt ist, und Migrant*innen möchten nach Kräften verhindern, dass sie so von außen wahrgenommen werden. Es ist für die Familie eine Quelle von Peinlichkeit und Scham und setzt sie in der Community unter Rechtfertigungsdruck, wenn Nachbar*innen, Bekannte oder Verwandte den Besuch einer Behörde beobachten. In vielen Fällen wird versucht, einen solchen Besuch entweder zu leugnen oder den Kontext zu beschönigen, wie z. B. »die Lehrerin ist gekommen, um uns zu fragen, ob wir unseren Sohn aufs Gymnasium schicken möchten«. Da die Eltern aus Respekt vor Institutionen oder Fachkräften aus Gastfreundlichkeit und Höflichkeit einen Hausbesuch nicht ablehnen, ist der Zugang in die Wohnungen relativ unkompliziert. Die wahre Herausforderung beginnt in der Wohnung bzw. bei der eigentlichen Arbeit, hier lauern einige Stolpersteine, die die Arbeit der pädagogischen Fachkräfte erschweren können. Auf der anderen Seite weisen wir darauf hin, dass viele Eltern die sozialen Einrichtungen nicht aufsuchen, sei es wegen fehlender Sprachkenntnisse oder andere Hürden. In der Sozialen Arbeit müssen die Fachkräfte immer öfter aufsuchende Arbeit in Milieus ihrer Adressat*innen und Adressaten betreiben. Das heißt, in vielen Feldern müssen die Fachkräfte sich von der Komm-Struktur (Klient*innen kommen in die Einrichtung) verabschieden und eine Geh-Struktur (die Fachkräfte suchen ihre Adressat*innen in ihren Milieus auf) etablieren. Und die Form der Hausbesuche ist eine dieser Geh-Strukturen.

Folgende Vorschläge, aufgeteilt in Türöffner und Stolpersteine, können die Hausbesuche erleichtern.

Türöffner

Um Vertrauen und Transparenz zu erzeugen, empfiehlt es sich den Termin während eines persönlichen Gesprächs zu vereinbaren. Augenhöhe und die Interessen der Eltern sind wichtige Elemente. Deshalb sollte möglichst auf die Terminvorstellung der Eltern eingegangen und keine Termine im Fastenmonat oder an religiösen Feiertagen vorgeschlagen werden. Die Termine während des Hausbesuchs sollten in den Abendstunden stattfinden, um alle Beteiligten – beide Elternteile und Kind(er) – zu erreichen. Da die Angelegenheit eines Kindes nicht nur die Eltern betrifft, sondern auch die Geschwister, sollten alle Familienmitglieder anwesend sein. Bei Hausbesuchen sollte eine männliche Fachkraft einen Termin allein mit der Mutter, als Frau einen Termin allein mit dem Vater vermeiden. In traditionell-religiösen Familien besucht man sich in gegengeschlechtlicher Konstellation nur dann, wenn beide Ehepartner anwesend sind.

Bevor das Hauptthema angesprochen wird, sollte ein kurzes, freundliches Gespräch zur Einleitung begonnen werden. Direkt mit der ›Problemstellung‹ zu beginnen, wird als Konfrontation interpretiert, die Eltern begeben sich in die Verteidigungsposition. Fragen nach der Befindlichkeit, dem Arbeitsplatz und seit wann die Familie in Deutschland lebt, können gute ›Smalltalk-Themen‹ darstellen. Diese kleinen ›unverbindlichen‹ Gespräche sind wichtig, weil sie den persönlichen Kontakt herstellen und Impulse für das eigentliche Thema bieten. Denn Eltern werden ihre Probleme erst ansprechen, wenn eine persönliche Beziehungsebene aufgebaut wurde. Um zu verdeutlichen, dass man Interesse an der gesamten Familie hat, ist es empfehlenswert, sich nach allen Kindern zu erkundigen, z. B. nach Alter, Schul- oder Berufsausbildung. Diese Informationen können u. a. auch Hinweise darauf liefern, welche anderen ›Konfliktfelder‹ es in der Familie geben könnte, bevor ein bestimmtes Problem angesprochen wird.

Trotz allem muss der Grund des Hausbesuchs dargestellt werden, indem die Interessen formuliert werden; es sollte betont werden, dass man ein gemeinsames Interesse hat, und zwar das Wohl des Kindes. Dies erreicht man am besten, wenn die Eltern als Kooperationspartner*innen auf Augenhöhe gewonnen werden können. Der Verweis auf die Schweigepflicht darf hier nicht unerwähnt bleiben. Die Lösungsvorschläge, die besprochen und erarbeitet werden, müssen sich an den Möglichkeiten der Eltern orientieren, um erfolgversprechend zu sein. Dies entspricht auch dem Vorsatz, die Eltern als gleichberechtigte Kooperationspartner*innen zu gewinnen. Mit Zuverlässigkeit kann man das Vertrauen der Eltern und der anderen Familienmitglieder gewinnen. Versprechen und Zusagen müssen eingehalten werden, solche, die nicht eingehalten werden können, müssen vermieden werden. Die Fachkraft muss ihren Arbeitsauftrag und Arbeitsbereich beschreiben, um Missverständnissen – z. B. überzogenen oder falschen Erwartungen – vorzubeugen.

Stolpersteine

Alles, was auf Behörden, Probleme und Schwierigkeiten hindeutet, ist nicht vertrauensfördernd und muss auch vor den Nachbar*innen gerechtfertigt werden. Ein Hausbesuch sollte zumindest nach außen hin einen ›unverbindlichen‹ Charakter haben.

Unabhängig vom Kontext des Besuchs laden viele Familien aus migrantischen Milieus ihre Gäste zum Essen und Trinken ein. Im häuslichen Bereich kann die Trennung zwischen privatem und dienstlichem Besuch nicht scharf gezogen werden. Deshalb fühlen sich die Eltern beleidigt, wenn die angebotenen Speisen oder Getränke (!) abgelehnt werden.

Der Besuch sollte für das Kind keinen Nachteil mit sich bringen. Wenn das Kind die Fachkraft um Hilfe gebeten hat, weil es im Elternhaus Gewalt erfährt, darf dies den Eltern nicht direkt gesagt werden. Denn das könnte zu einer Bestrafung führen, da das Kind interne Familienangelegenheiten nach außen getragen hat. Der Grund des Besuchs muss dann indirekt kommuniziert werden. Vor allem im privaten Bereich sind die Eltern empfindlich, wenn sie in Anwesenheit der Kinder belehrt werden. Belehrungen werden von den Eltern als Bloßstellung vor den Kindern und als Autoritätsverlust des Vaters empfunden. Es schreckt die Eltern ab, wenn ausschließlich über die Probleme der Kinder bzw. der Familie geredet wird. Im häuslich-privaten Bereich sind die Eltern empfindlicher als beispielsweise in einer Beratungssituation im Büro, weil die Initiative für das Gespräch in diesem Fall nicht von den Eltern ausgeht. In häuslichen Kontext ist viel mehr Fingerspitzengefühl gefragt als im Büro. Deshalb sollten Vorverurteilungen und Schuldzuweisungen in Bezug auf Kinder und Kindererziehung vermieden werden.

Methodisches oder systematisches Arbeiten ist bei Hausbesuchen kontraproduktiv. Eine solche Vorgehensweise kann z. B. dadurch gestört werden, dass der Vater oder der Sohn nebenbei Fernsehen schaut oder die Mutter oder Tochter Tee serviert etc. Bei Hausbesuchen muss man sich deshalb mehr Zeit nehmen als sonst und sich auf spontane und unkonventionelle Vorgehensweisen einstellen: Ein Hausbesuch in einer (migrantischen) Familie kann nicht hundertprozentig vorbereitet werden.

Elterntrainings

Elterntrainings haben das Ziel, die Erziehungskompetenz zu erhöhen, denn der Erziehungsstil sowie die Art der Kommunikation und Interaktion zwischen den Familienmitgliedern sind wichtige Schutzfaktoren für die psychosoziale Entwicklung des Kindes (Marzinzik/Kluwe 2007). Ausgehend von dem Grundgedanken, dass die meisten Eltern bemüht sind, ihre Kinder gut zu erziehen, ihnen dafür aber manchmal die nötigen Ressourcen und Kenntnisse fehlen, werden im Folgenden einige ausgewählte Elterntrainingsprogramme erläutert. Diese bearbeiten mit den Eltern wichtige Themen der Erziehung unter Berücksichtigung der vorhandenen Fähigkeiten, Erfahrungen und ihres kulturellen Hintergrunds.

In Deutschland am weitesten verbreitet sind die Programme »Starke Eltern – Starke Kinder«, »Triple P« (Positive Parenting Program) und »STEP« (Tschöpe-Scheffler 2007). Darüber hinaus gibt es verschiedene Programme, die gezielter mit Eltern aus sogenannten bildungsbenachteiligten Milieus arbeiten, wie z. B. »Eltern-AG« (Armbruster 2006) oder auch »ELTERNTALK« (Ziesel/Öğütmen 2005).

Exemplarisch werden an dieser Stelle zwei Programme kurz erläutert, die jeweils auch konkrete Angebote für Familien mit Migrationshintergrund machen. Das Elterntraining des Deutschen Kinderschutzbundes (2009) »Starke Eltern – Starke Kinder« legt verstärkt Wert darauf, die Kommunikation in den Familien zu verbessern, alternative Konfliktbewältigungsstrategien zu entwickeln und die individuellen Lösungskompetenzen der Einzelnen herauszuarbeiten (Tschöpe-Scheffler 2007). Das Kurskonzept basiert auf den UN-Kinderrechtskonventionen sowie auf § 1631 Bürgerliches Gesetzbuch, »Recht auf gewaltfreie Erziehung«, der seit November 2000 in Deutschland gültig ist und besagt, dass Kinder das Recht haben, ohne körperliche, seelische oder sonstige Gewalt aufzuwachsen (Münder u. a. 2022).

Die Stärkung der Erziehungskompetenz und ihres Selbstvertrauens als Erziehende sowie das Aufzeigen der Rechte und Bedürfnisse von Kindern sind die primären Ziele des Kurses. Dazu werden verschiedene Erziehungsthemen wie Selbsterkenntnis, Bedürfnisse, Gefühle, Werte, Wut, Macht, Grenzen setzen, Disziplin, Verhandlungskunst sowie Problemlösung mit den Eltern diskutiert und bearbeitet. Eingesetzt werden diverse Methoden wie beispielsweise Rollenspiele, Übungen, Kleingruppenarbeit, Gruppenspiele, Partnerarbeit und Wochenaufgaben. Dabei werden die Eltern aktiv eingebunden, ihre Themen aufgegriffen und gemeinsam Lösungswege gesucht (vgl. Maschke/König 2008). Wichtig für die Akzeptanz der Angebote ist u. a. die Sprache, in der sie vermittelt werden. Deshalb gibt es vom Deutschen Kinderschutzbund auch Kursangebote in türkischer Sprache (vgl. Tschöpe-Scheffler 2007).

In einer Evaluationsstudie (Maschke/König 2008) der Kurse für türkische Familien wurde deutlich, dass diese, auch aus Sicht der teilnehmenden Eltern, zur Integration beigetragen haben. Das Wissen um die Unterschiede zwischen der deutschen und türkischen Kultur scheint eine zentrale Rolle zu spielen. Man könne offener und selbstbewusster auf die deutsche Gesellschaft zugehen. Eine Mutter formuliert es so: »Ich bin nicht mehr die schlechte Mutter von einem bösen Jungen, sondern die gute Mutter von einem guten Jungen« (ebd., S. 39). Nach der Teilnahme am türkischen Kurs »Starke Eltern – Starke Kinder« belegten viele Eltern einen Sprachkurs. Eine solche Wirkung ist sehr zu begrüßen.

Ein weiteres Beispiel für ein niederschwelliges Angebot ist das Projekt ELTERNTALK aus Bayern. Hier werden Gesprächsrunden für Eltern im privaten Rahmen zum Thema Erziehung, Internet, Handy/Smartphone, Medien, Konsum und Suchtvorbeugung initiiert und es gibt auch hier spezifische Angebote für türkische Eltern.

> »ELTERNTALK geht davon aus, dass Eltern Expertinnen und Experten in eigener Sache sind. Väter und Mütter haben verschiedene Erfahrungen und Fähigkeiten sowie unterschiedliches Wissen und Können. Sie stehen aber häufig vor ähnlichen Fragen in den Bereichen der Erziehung. Dies im gemeinsamen Gespräch mit anderen Eltern zu erfahren, stärkt Väter und Mütter im Wahrnehmen der eigenen Situation und ermutigt sie, nach

neuen Wegen zu suchen für ihren Erziehungsalltag« (http://www.elterntalk.de/elterntalk/ WasIstElterntalk.aspx?fsize=0.95,13.02.2023).

Ein Elternteil lädt andere Eltern zu sich nach Hause zu einem thematisch gebundenen ca. zweistündigen Gespräch ein. Dieses wird von einer*einem Moderator*in begleitet, die*der selbst Mutter oder Vater ist. Mit Hilfe eines Einstiegmediums kommen die Eltern ins Gespräch, tauschen sich aus, unterstützen und stärken sich gegenseitig. Die Moderator*innen erhalten im Vorfeld eine entsprechende Schulung und Informationen. Es zeigt sich, dass die ELTERNTALKS vor allem von türkischen Müttern nachgefragt werden (Ziesel/Öğütmen 2005). Höfer und Ziesel (2010) stellten im Rahmen einer aktuellen internen Evaluation außerdem fest, dass die befragten Eltern gerne zu den Gesprächen kamen und diese auch unbedingt weiterempfehlen würden. Das neu aufgenommene Thema »Suchtvorbeugung und Gesundheit« wurde von den Teilnehmer*innen besonders positiv bewertet.

Bei den Elterntrainings sollte neben den bereits genannten Aspekten beachtet werden, dass in traditionellen muslimischen Familien eine klare Rollenverteilung herrscht. So ist die Mutter für die Umsetzung der Erziehung zuständig, der Vater aber bestimmt die Art der Erziehung. Deshalb, so betont auch Çağlıyan (2008), sollte der Vater mit einbezogen werden, damit er die veränderte Art des Umgangs mit dem Kind nachvollziehen kann und die Mutter die Möglichkeit zur Umsetzung hat. Erziehung wird – wie bereits erläutert – als etwas Privates angesehen. Deshalb sollte im Rahmen der geschilderten Kurse deutlich werden, dass die Eltern weiterhin selbst über ihre Erziehungshaltung bestimmen und dass die Umsetzung der neuen Ansätze auf Freiwilligkeit beruht. Es ist wichtig, ihnen die Vorteile der veränderten Erziehungsregeln zu verdeutlichen: dass z. B. eine stärkere Anpassung ihrer Kinder an das Schulsystem die Möglichkeit einer Leistungssteigerung impliziert. Außerdem könnten Tipps für den Umgang mit den Kindern zur Verringerung devianten Verhaltens gegeben werden, was an der Motivation der Eltern anknüpft, dieses zu verringern. Für eine erfolgversprechende Beratung ist es ausschlaggebend, das Vertrauen der Eltern zu gewinnen. Eine wertschätzende und akzeptierende Grundhaltung hilft hier sicherlich genauso wie interkulturelle Fähigkeiten und Kenntnisse über die Lebenssituation der Betroffenen.

> Elternarbeit ist ein wichtiger ergänzender Baustein zur Arbeit mit Kindern und Jugendlichen generell – nicht nur im Kontext der Devianz oder religiösem Extremismus – und sollte deshalb in den pädagogischen Ansätzen grundsätzlich mitgedacht werden.

Auch im Umgang mit gewaltbereiten oder extremistischen Jugendlichen sind die genannten Ansätze der Elternarbeit sinnvoll. Breitere Handlungsmöglichkeiten der Eltern, die zu einem flexibleren Umgang mit den Jugendlichen führen (nicht nur repressive Erziehungsmittel), ein erhöhtes Interesse an ihren Tätigkeiten, mehr ausgesprochene Anerkennung und Lob und eine effektive Unterstützung bei der schulischen und beruflichen Laufbahn (oder deren Organisation) dürften Ansatzpunkte zur Prävention und Intervention bei gewaltbereitem Verhalten sein. Dies gilt selbstverständlich nicht nur für die Arbeit mit migrantischen Familien.

6.3 Ansätze aus Hilfen zur Erziehung im interkulturellen Kontext

Nach § 27 Sozialgesetzbuch VIII (SGB VIII) können Eltern Unterstützung bei der Hilfe zur Erziehung beantragen bzw. erhalten, wenn »eine dem Wohl des Kindes oder des Jugendlichen entsprechende Erziehung nicht gewährleistet ist und die Hilfe für seine Entwicklung geeignet und notwendig ist« (Münder/Meysen/Trenczek 2009, S. 274). Die Gesetzesgrundlage sieht also vor, dass Sorgeberechtigte, in der Regel die Eltern, eine Hilfe zur Erziehung beim Jugendamt beantragen, wenn Schwierigkeiten mit ihren Kindern bestehen. Häufig erfolgen dann zuerst Beratungsgespräche durch die zuständigen Mitarbeiter*innen des Jugendamts, die die Hintergründe der Probleme, aber auch die Ressourcen der Eltern eruieren. In der Regel gibt es nach Abschluss der eruierenden Gespräche sogenannte kollegiale Fallberatungen, in denen der*die Mitarbeitende des Jugendamts mit Kolleg*innen und Vorgesetzten, möglicherweise auch mit externen Berater*innen über zu installierende Hilfen berät. In dem dann anschließenden Hilfeplanverfahren (§ 36 SGB VIII) wird mit der betroffenen Familie unter möglicher Einbeziehung weiterer involvierter Personen über eine geeignete Unterstützung beraten. Verschiedene Möglichkeiten der Hilfe werden vorgestellt und gemeinsam mit allen Beteiligten wird in einem oder mehreren Fachgesprächen ein Hilfeplan erstellt, der den erzieherischen Bedarf, die Art und Dauer der Hilfe sowie die damit verbundenen Leistungen festlegt (vgl. Münder u. a. 2009). Die Entscheidungen über eine mögliche Hilfe zur Erziehung wird durch dieses Verfahren nicht mehr allein durch die fallverantwortliche Fachkraft, sondern im Zusammenwirken mehrerer Fachkräfte unterschiedlicher Disziplinen getroffen, so wie es im Gesetz (§ 36, Abs. 2, SGB VIII) vorgesehen ist.

Im 8. Sozialgesetzbuch werden verschiedene Maßnahmen aufgeführt, die einer Familie zur Unterstützung in Fragen der Erziehung gewährt werden können. Diese Hilfen unterteilt man in ambulante, teilstationäre und stationäre Hilfen, die häufig von freien Trägern der Jugendhilfe durchgeführt werden (Nowacki 2006). Die ambulanten Hilfen sind z. B. Gespräche in Erziehungsberatungsstellen oder Sozialpädagogische Familienhilfen und eine sogenannte Erziehungsbeistandschaft, die eher aufsuchenden Charakter haben. Ziel dieser Hilfen ist es, die Schwierigkeiten innerhalb der Familie so zu bearbeiten, dass das Kind oder der*die Jugendliche weiter zu Hause wohnen kann und in seiner*ihrer Entwicklung so weit wie möglich gestärkt wird. Bei den teilstationären Angeboten handelt es sich häufig um Tagesgruppen für Kinder, in denen sie mit Mahlzeiten versorgt werden, ihre Hausaufgaben machen können und beispielsweise in Spielsituationen lernen, weniger aggressiv auf andere Kinder zu reagieren. Sind die familiären Schwierigkeiten massiv und die Ressourcen nicht ausreichend, können stationäre Hilfen eingesetzt werden wie die Unterbringung in einer Pflegefamilie, in einem Heim oder die Betreuung erfolgt im Rahmen einer intensiven sozialpädagogischen Einzelfallbetreuung.

Hemmschwellen und Ressourcen bei Inanspruchnahme der Hilfen zur Erziehung

Es ist immer noch üblich, dass Eltern mit Migrationshintergrund seltener Hilfen zur Erziehung in Anspruch nehmen. Dies möchten wir anhand von zwei Beispielen konkretisieren, wobei das Motiv Loyalität gegenüber der Familie im Mittelpunkt steht.

Solidarität und Loyalität gegenüber den Eltern und Familienmitgliedern sowie gegenüber der*die Freund*in sind die wichtigsten Werte in den ethnischen Communities in Deutschland. Diese Werte werden im Kontext des Migrationsprozesses stärker betont und verschärft, weil die Familie bzw. der*die Freund*in die ›legitimen‹ Rückzugsgebiete sind – ihnen darf uneingeschränkt vertraut werden. Den sozialen Institutionen (beispielsweise Schule oder Jugendamt) misstrauen Migrant*innen auch noch in den Nachfolgegenerationen, weil deren Funktion nicht immer richtig eingeschätzt wird. Solidarität, Loyalität und Zusammengehörigkeit innerhalb der Familie bleiben unantastbar, auch wenn es innerhalb der Familie immense Probleme gibt, die ohne die Hilfe von außen nicht gelöst werden können. Sich mit den internen Problemen der Familie an die Beratungsstellen oder an das Jugendamt (hier: Hilfen zur Erziehung) zu wenden, gilt als Verrat bzw. Loyalitätsbruch, weil das nach außen gerichtete Familienbild dadurch massiv beschädigt wird.

Dieses Orientierungsmuster und seine Konsequenzen werden anhand von zwei Fallbeispielen aus der Praxis präzisiert.

Fallbeispiel Ümit

Der 17-jährige Ümit ist mehrfach durch Gewalt-, Ladendiebstahl- und Drogendelikte straffällig geworden. Während der Beratungsgespräche bei der Jugendgerichtshilfe stellt die zuständige Sozialpädagogin fest, dass Ümit auch viele Probleme im Elternhaus hat, wie z. B. Arbeitslosigkeit der Eltern, Alkoholprobleme des Vaters, beengte Wohnverhältnisse sowie Schläge seitens des Vaters. Nach reiflicher Überlegung und in Absprache mit Ümit entscheidet die Sozialpädagogin, ihren Klienten in einer sozialpädagogisch betreuten Wohngruppe unterzubringen. Alle Gespräche mit Ümit verlaufen positiv, weil er unbedingt das Elternhaus verlassen möchte, um eigenverantwortlich und selbstständig sein Leben zu regeln. Die Sozialpädagogin bestärkt Ümit in seiner Bestrebung und macht ihm Mut, den Schritt zu gehen. Es muss »lediglich« ein abschließendes Gespräch (Hilfeplangespräch) mit den Eltern durchgeführt werden, weil sie die Erziehungsberechtigten sind. Während des Gespräches, im Beisein der Pädagogin und der Eltern ist Ümit sehr ruhig, er vermeidet den Augenkontakt zu den beiden Elternteilen und blickt – immer den Kopf gesenkt – auf den Boden. Der Vater betont unermüdlich, dass sie als Eltern mit Ümit keinerlei Probleme hätten und dass die Familie intakt sei. Er verstehe auch nicht, warum man ihm seinen Sohn wegnimmt und in ein Heim steckt. Es gehe ihm zu Hause doch ganz gut und er bekomme alles, was er möchte. Die Pädagogin versucht zwar zu betonen, dass Ümit eigenverantwortlich entschieden hat, in ein Wohnheim zu gehen, findet aber beim Vater kein Gehör. Das Gespräch wird hitziger und für die Sozialpädagogin unproduktiv, weil die Eltern nicht verstehen wollen, dass es für Ümit besser wäre, von zu Hause wegzukommen. Nach einer Weile möchte die Pädagogin wissen, was Ümits Wunsch ist: Auf die Frage der Pädagogin, ob er in ein Wohnheim einziehen möchte, sagt Ümit »Nein«. Den Blick auf den Boden gerichtet, betont Ümit, dass er sich zu Hause wohl fühle und dass er zu Hause keinerlei Probleme habe, auch nicht mit den Eltern. Die Pädagogin ist zunächst sprachlos, weil Ümit sich ganz anders verhält als im Einzelgespräch. Er wirkt auf sie wie ausgewechselt und sie kann Ümits Verhalten und seine Entscheidung nicht nachvollziehen. Sie betont zwar, dass er eigenständig und selbstbewusst wie im Einzelgespräch äußern soll, was er möchte, kann den Jungen aber nicht mehr überzeugen.

Das Verhalten und die Wunschvorstellungen der Gesprächsbeteiligten des Hilfeplangesprächs können wie folgt interpretiert werden: Für die Eltern, vor allem für den Vater, ist es primär von Bedeutung, die Familie als intakt und funktionsfähig nach außen darzustellen. Das Verhalten des Jungen, dass er sich der Behörde anvertraut und sich gegenüber den Eltern nicht loyal verhält, wird zwar verurteilt, aber nicht in der Öffentlichkeit betont. Vermutlich werden hier auch ausländerrechtliche Konsequenzen befürchtet. Die internen Probleme der Familie nach außen preiszugeben, wird als Loyalitäts- und Solidaritätsbruch interpretiert, weil dieser Bruch die Familie, insbesondere den Vater, in Erklärungsnot und Schwierigkeiten bringt. Solidarität impliziert für die Eltern, dass das Kind seine eigenen Wünsche und Vorstellungen denen der Gemeinschaft – hier der Familie – unterordnet. Der Sohn der Familie kennt die Wünsche und die Vorstellungen der Eltern. Der gesenkte Kopf und die Vermeidung des Blickkontakts mit den Eltern während des Gesprächs mit der Sozialpädagogin zeigen eindeutig, dass er in einem Dilemma steckt. Die Wünsche und Erwartungen der Eltern mit seinen eigenen und denen der Sozialpädagogin in Einklang zu bringen, fällt ihm sichtlich schwer. Auf der einen Seite muss er loyal gegenüber seinen Eltern bleiben, aber auch sein eigenes Bedürfnis nach Eigenverantwortung nicht aus dem Auge verlieren. Als er sieht, dass ihm dieser Spagat aufgrund der Frage der Sozialpädagogin nicht gelingt, ›entscheidet‹ er sich für seine Loyalität gegenüber den Eltern.

Dass ein junger Mann nach mehr Eigenverantwortung und Selbstständigkeit strebt, ist für die (deutsche), akademisch ausgebildete Sozialpädagogin eine Selbstverständlichkeit. Schließlich besteht ihr Auftrag als Pädagogin und Vertreterin der Institution darin, junge Menschen zur Selbstständigkeit und Eigenverantwortlichkeit zu ermuntern. Die Pädagogin fühlt sich durch die Vorgespräche mit Ümit schließlich bestärkt. Ümits Verhalten im Gespräch versetzt sie dann jedoch in einen Schockzustand, weil sie nicht nachvollziehen kann, warum Ümit seine eigenen Wünsche den Vorstellungen der Eltern unterordnet. Weiterhin beschuldigt die Pädagogin die Eltern, insbesondere den Vater, Druck auf sein Kind auszuüben und damit seine Selbstständigkeit einzuschränken. Sie betont, dass die Entwicklung zur Selbstständigkeit in diesem Alter außerordentlich wichtig sei und dass sie stolz auf ihren Sohn sein müssten, da er bereits so weit sei.

Die Eltern sehen aber in der Entwicklung zur Selbstständigkeit vermutlich kein besonders hervorzuhebendes Ideal. Denn sie betonen die Gemeinschaft »Familie« und ordnen kollektive Interessen immer über den individuellen Bedürfnissen ein. Unabhängig davon, dass Ümit natürlich weiß, wie seine Eltern denken, und dass sie von ihm erwarten, seine Bedürfnisse denen der Familie unterzuordnen, sind auch für Ümit die Werte Loyalität und Solidarität von großer Bedeutung. Im Laufe seines Sozialisationsprozesses hat er mehrfach erfahren, wie sehr auch er selbst von diesem Zusammenhalt profitieren konnte. Die Trennung von den Eltern kommt zudem einem Bruch mit der eigenen Community gleich, was mit großen Risiken für ihn verbunden ist. Dieser Risiken wird er sich in der Situation mit der Sozialpädagogin und den Eltern bewusst: Auf der einen Seite steht eine Fachkraft, die ihn in seiner individuellen Entwicklung professionell unterstützen möchte; auf der anderen Seite seine Eltern, die alles für ihn tun würden, solange er der Familie und den traditionellen Prinzipien treu bleibt. Bei der Wahl zwischen individueller Freiheit und kollektiver Sicherheit fühlt er sich überfordert und wird sich – aus seiner Sicht rational – für den ›sicheren‹ Weg entscheiden.

Besprechungen, die zwischen Eltern und Fachkräften der Hilfen zur Erziehung stattfinden, enden in der Praxis häufig für die Professionellen unbefriedigend, weil sie nicht zu dem gewünschten Ziel führen. Hier kommen Lebens- und Erziehungskonzepte der Eltern, die auf den ersten Blick nicht mit den Vorstellungen der Intuitionen (hier die Fachkräfte als Vertreter*innen der Institution) kompatibel sind. Ein Perspektivenwechsel – Warum verhält sich der Vater oder Sohne anders als erwartet? Warum senkt der Sohn die Blicke nach unten? etc. – würde den pädagogischen Fachkräften helfen, das Verhalten des Kindes bzw. Jugendlichen besser zu verstehen.

Fallbeispiel Havva

Havva ist eine 17-jährige Schülerin, die auf einer Gesamtschule den Hauptschulabschluss erworben hat. Daraufhin hat sie an einem Berufskolleg mit dem Schwerpunkt »Wirtschaft und Verwaltung« das Berufsgrundschuljahr erfolgreich mit der Mittleren Reife abgeschlossen. Sie ist eine ruhige, zurückhaltende und disziplinierte junge Frau. Ihre Lieblingsfächer sind Mathematik und Rechnungswesen. Daher wurde ihr bei Berufsberatungsgesprächen mehrfach nahegelegt, eine kaufmännische Ausbildung anzustreben. Ihre Klassenlehrerin will ihr frühzeitig dabei helfen, Bewerbungen zu schreiben. Allerdings offenbart sich der Lehrerin ein besonderes Problem: Havva trägt ein Kopftuch und ist nicht willens, es bei der Arbeit abzulegen. Nach einigem Nachhacken respektiert die Lehrkraft ihre Haltung und unterstützt sie dabei, herauszubekommen, welche Ausbildungsbetriebe das Tragen eines Kopftuchs akzeptieren. Die Kontaktaufnahme der Lehrerin mit den Betrieben sowie der Kompromiss, ein modisches Kopftuch (im Hip-Hop-Stil) zu tragen, haben das Unerwartete möglich gemacht: Havva hat gleich zwei Angebote als Einzelhandels- und als Bürokauffrau.

Die Freude über diesen Erfolg währt allerdings nicht lange. Havva teilt ihrer Lehrerin einige Tage später mit, dass sie es sich anders überlegt hätte. Sie möchte keines der Angebote wahrnehmen. Die Lehrerin zeigt sich überrascht und sucht das Gespräch mit ihrer Schülerin. Nach einiger Zeit äußert sich Havva klar und deutlich: Nach wie vor will sie die Ausbildungsstelle annehmen, aber ihre Familie, allen voran ihr Vater, unterstützt diese Entscheidung nicht. Obwohl Havva der Lehrerin sagt, dass sich ihr Vater nicht umstimmen lässt, vereinbart sie ein Beratungsgespräch mit den Eltern.

Während des Gesprächs ist Havva sehr ruhig, sie vermeidet den Blickkontakt zu den Eltern und starrt mit gesenktem Kopf auf den Boden. Die Lehrerin erläutert den Eltern hier zum ersten Mal den gesamten Ablauf der Berufswahl und des Bewerbungsprozesses. Der Vater betont, dass sie als Eltern nur das Beste für ihre Tochter wollen und dass eine solche Ausbildung nichts für ihre Tochter sei. Sie habe ganz andere Neigungen und Talente. Er habe ihr bereits eine Arbeitsstelle besorgt, bei der sie sogar mehr verdiene als in der kaufmännischen Ausbildung: Als Aushilfe in einem Pflegeheim. Die Lehrerin betont, dass Havva das kaufmännische Berufsfeld in mehreren Beratungsgesprächen empfohlen wurde und dass sie sich mit diesen Tätigkeiten eher identifizieren könne. Zudem müsse sie das Kopftuch nicht ablegen. Als der Vater nun gereizter reagiert, spricht die Pädagogin Havva selbst an: »Havva, was sagst du dazu?« Havva guckt kurz ihre Eltern, dann die Pädagogin an, senkt den Kopf und antwortet: »Nein, ich will diese Ausbildung nicht mehr!«.

Die Pädagogin ist zunächst sprachlos, weil sich Havva ganz anders verhält als im Einzelgespräch. Sie wirkt auf sie wie ausgewechselt und sie kann Havvas Verhalten und ihre Entscheidung nicht nachvollziehen. Die Lehrerin betont zwar, dass Havva eigenständig und selbstbewusst wie im Einzelgespräch äußern soll, was sie möchte, kann das Mädchen aber nicht mehr überzeugen.

Das beachtliche Engagement der Lehrkraft hatte keinen Erfolg. Man erkennt auch an diesem Beispiel, dass hier zwei Denkwelten aufeinandertreffen, die von Havva nicht synchronisiert werden können. Auch sie entscheidet sich – mit denselben Motiven wie Ümit – der Familie zu folgen.

Mögliche Ursachen für den geringeren Anteil an Hilfen zur Erziehung für Familien mit Migrationshintergrund, die auch bei beiden Bespielen explizit und implizit beobachtet werden können, sind wie folgt zusammenzufassen. Schröer (2008) nennt auf Seiten der Familie Sprachbarrieren, fehlenden Informationen über die Angebote, Stolz, Zurückhaltung, Skepsis und Ängsten vor ausländerrechtlichen Konsequenzen. Auf Seiten der öffentlichen und freien Träger der Jugendhilfe nennt er als Probleme die wenigen muttersprachlichen Fachkräfte, eine sogenannte »Komm-Struktur« der Behörde und die bürokratische Arbeitsweise. Bei deutschen Fachkräften herrschen Vorurteile, Fremdheitsängste und Verunsicherung sowie fehlende interkulturelle Kommunikationskompetenzen und Überforderungsgefühle. Kulbach (2003) macht außerdem deutlich, dass mit der Inanspruchnahme öffentlicher Jugendhilfe das Scheitern der eigenen erzieherischen Bemühungen eingestanden werden müsse. Der Wert der Familie würde gerade in vielen ausländischen Familien sehr hochgehalten, entsprechend sei die Barriere zur Beantragung von öffentlichen Hilfen sehr hoch und es werde lieber auf innerfamiliären Beistand zurückgegriffen. Bestimmte Hilfen schaden dem Ansehen der Familie, wie bereits in den vorangegangenen Beispielen erläutert wurde.

Unterstützungsangebote für Kinder, Jugendliche und Familien mit Migrationshintergrund sind auch im Rahmen der Hilfen zur Erziehung, wie sie im SGB VIII festgeschrieben sind, sinnvoll und hilfreich. Insgesamt wird deutlich, dass trotz des steigenden Anteils von Familien mit Migrationshintergrund im Bereich der Hilfen zur Erziehung noch weiter an der interkulturellen Öffnung von Jugendhilfeträgern gearbeitet werden sollte. Außerdem sollten konkrete Maßnahmen flexibler eingeleitet werden und man sollte sich stärker an den Bedürfnissen und Ressourcen der Familien orientieren. Angebote im Sozialraum sind wichtig, um die Akzeptanz von Jugendhilfeangeboten auch bei Familien mit Migrationshintergrund zu erhöhen und eine Partizipation zu erleichtern. Hier gibt es in der Praxis bereits Ansätze, die weiter ausgebaut werden sollten.

Teil III Fazit und Literatur

7 Schlussbetrachtungen

Nachdem im ersten Teil des Buches mögliche Ursachen für religiöse Radikalisierung in salafistischer Form von – in erster Linie – männlichen Jugendlichen diskutiert und dabei verschiedene soziale, politische, gesellschaftliche und familiäre Rahmenbedingungen herausgearbeitet wurden, standen im zweiten Teil pädagogische Präventions- und Interventionsansätze im interkulturellen Kontext im Mittelpunkt. Das Hauptanliegen war, unterschiedliche Zugänge zusammenzutragen, die in der Arbeit mit straffälligen oder allgemein sozial auffälligen Jugendlichen hilfreich sein können. Der spezifische methodische Ansatz der Konfrontativen Gesprächsführung wurde hier besonders herausgestellt (▶ Kap. 6.1), weil diese Methode sehr erfolgreich in der Arbeit mit Straftäter*innen und sozial Auffälligen im ambulanten und stationären Bereich angewendet wird (Weidner/Kilb 2011; Kilb/Weidner 2013; Toprak 2017).

Unterstützungsangebote für Jugendliche und Eltern mit Migrationshintergrund bietet die Jugendhilfe. Hier stehen verschiedene Maßnahmen nach SGB VIII zur Verfügung, z. B. die Beauftragung einer pädagogischen Fachkraft in Form einer Erziehungsbeistandschaft, die u. a. im Rahmen von Einzelfallarbeit schulische und berufliche Probleme besprechen kann, um Frustrationserlebnisse zu verringern und mit den Jugendlichen eine realistische Zukunftsperspektive zu erarbeiten. Hierbei ist die Vernetzung der Fachkräfte im Sozialraum wichtig, beispielsweise mit örtlichen Betrieben, um Jugendlichen einen Praktikumsplatz vermitteln zu können. Zum anderen sollten die Eltern und andere Familienmitglieder mit einbezogen werden. Dies gelingt am besten, wenn man einen kultursensiblen Zugang wählt und Türöffner und Stolpersteine in der Arbeit mit Familien aus dem muslimischen Kulturkreis beachtet. Nur wenn die Eltern von der Sinnhaftigkeit verschiedener Hilfen überzeugt sind, können sie zur aktiven Mitarbeit gewonnen werden. Elternkurse können darüber hinaus Fragen der Erziehung thematisieren und auch die Unterstützung durch andere betroffene Familien fördern. Insgesamt müssen die Hilfeangebote kultur- und migrationssensibel sowie flexibel eingesetzt werden. Fachkräfte sollten über interkulturelle Fähigkeiten und Kompetenzen verfügen bzw. unter Umständen selbst aus den Milieus der Eltern stammen und im Sozialraum der Familien präsent sein. Die Hilfeangebote sollten Menschen mit Migrationshintergrund einbeziehen, um die Akzeptanz zu erhöhen. Die Konfrontative Gesprächsführung bietet eine Möglichkeit der methodischen Arbeit im Rahmen der Hilfen zur Erziehung.

Es wurde auch darauf hingewiesen, dass Prävention ein langwieriger und langfristiger Prozess ist, deren Erfolge auf den ersten Blick nicht sichtbar sind. Vor allem in der Arbeit mit radikalisierten Jugendlichen aus dem islamistischen Kontext scheint der Präventionsarbeit eine große Bedeutung zuzukommen und setzt die Fachkräfte unter Erfolgsdruck. Das hat auch damit zu tun, dass islamistisch motivierte Anschläge auch in Deutschland verübt werden und die Öffentlichkeit beunruhigt ist. Pädagogik oder Soziale Arbeit kann zwar keine Anschläge verhindern, aber Jugendliche im Vorfeld stärken, damit sie sich nicht radikalisieren. Um die Jugendlichen – wenn die ersten Anzeichen der Radikalisierung sichtbar sind – auf das eigene Fehlverhalten hinzuweisen, kann die Konfrontation hilfreich sein.

Das wichtigste Prinzip des Konfrontativen Ansatzes ist, die Jugendlichen auf der Beziehungsebene zu akzeptieren und wertzuschätzen, sie aber gleichzeitig mit ihrem Fehlverhalten, das unter Umständen problematisch oder grenzüberschreitend ist, zu konfrontieren. Diese Methode wird von Jugendlichen mit Migrationshintergrund sehr gut angenommen. Sie bekommen dadurch einerseits klare Grenzen aufgezeigt, werden aber andererseits als Person ernst genommen. Auch gibt diese Methode den pädagogischen Fachkräften mehr Sicherheit, weil die Erwartungen an die Jugendlichen deutlich formuliert werden.

Der Konfrontative Ansatz sollte unbedingt durch ressourcenorientierte Maßnahmen flankiert werden. Dabei sollten die Stärken der Jugendlichen hervorgehoben und sie sollten durch Lob bestätigt werden. Gegenüber den persönlichen, sozialen und migrationsspezifischen Rahmenbedingungen sollte man Einfühlsamkeit signalisieren. Wer mit den Methoden der Konfrontativen Pädagogik Jugendliche migrationssensibel fördern will – also unter Berücksichtigung ihrer spezifischen Lebensumstände und besonderen Ressourcen –, damit sie ihr Leben und ihre Zukunft im Sinne des Gesetzes und einer liberalen Gesellschaft gestalten können, kommt nicht umhin, eine Brücke zu schlagen zwischen den migrationsspezifischen Rahmenbedingungen und den Zielen der Institutionen.

Um dies zu erreichen, müssen pädagogische Fachkräfte neben der Methodenkompetenz interkulturelle Kompetenz erlangen, die für die Zukunft als zentral erachtet wird, weil Deutschland ein Einwanderungsland war, ist und weiterhin sein wird. Denn unüberlegte und von stereotypen Vorurteilen geprägte Konfrontationen können verletzend und kränkend wirken und sind kontraproduktiv. Auf die Abwertung ihrer kulturellen Wertvorstellungen reagieren die Jugendlichen mit Migrationshintergrund gereizt, fühlen sich missverstanden und nicht ernst genommen. Da die Konfrontative Pädagogik auf der Sachebene ansetzt, wird auf suggestive Fragen und stereotype Annahmen verzichtet. Die Fachkraft sollte sich ferner darüber im Klaren sein, welches Verhalten wirklich ›abweichend‹ ist und entsprechend ›verändert‹ werden sollte und wann es sich lediglich um eigene ›persönliche‹ Vorlieben handelt. Die Fachkräfte sollten eine Geisteshaltung haben, die Vielfalt und Andersheit wertschätzt, und über interkulturelle Kompetenz verfügen. Bedauerlicherweise kommt beispielsweise bei der Ausbildung von Lehrkräften oder Anti-Aggressivitäts-Trainer*innen die »Interkulturelle Kompetenz« als Qualitätsstandard selten vor, obwohl bekannt ist, dass in Ballungszentren ein Großteil der Schülerschaft bzw. der Teilnehmer*innen solcher Trainings einen Migrationshintergrund hat.

Wer die Konfrontative Methode erfolgreich einsetzen will, muss eine entsprechende Haltung verinnerlichen. Der Konfrontative Ansatz ist weder für jede*n Jugendliche*n noch für jede pädagogische Fachkraft geeignet. Für Jugendliche, die ruhig und schüchtern sind und die Konfrontation nicht suchen, ist die Methode ebenso wenig geeignet wie für Fachkräfte, die sie nicht verinnerlicht haben. Bevor sie also eingesetzt wird, müssen die Fachkräfte ihre Einstellung grundsätzlich überprüfen und ggf. in einer Fortbildung das konfrontative Vorgehen einüben. Erfahrungen in Fortbildungen mit Multiplikator*innen zeigen, dass die methodische Umstellung viele Übungseinheiten und zeitliche Ressourcen in Anspruch nimmt.

Ein weiterer Aspekt, der hervorgehoben werden muss, ist der sensible Umgang. Jugendliche mit Migrationshintergrund befinden sich häufig in derart orientierungslosen inneren Zuständen, dass der Einsatz und auch notwendige Pausen ggf. anders dosiert werden müssen als in der Arbeit mit einer anderen Klientel. Denn es kann durchaus sein, dass sich ein*e Jugendliche*r in einer Identitätskrise befindet. Diese kann aus einer Überforderung aufgrund der widersprüchlichen Erwartungen (Schule oder pädagogische Einrichtungen vs. Elternhaus) entstehen. In einem solchen Zustand sollte von der Konfrontation Abstand genommen und stattdessen ein wertschätzendes klärendes Gespräch gesucht werden. Hierfür sind genaues Beobachten und Fingerspitzengefühl erforderlich. Zudem sollten die Jugendlichen über eine gewisse kognitive und psychische Stabilität verfügen, damit sie die Konfrontation richtig einordnen und verarbeiten können. Insbesondere bei psychisch labilen Kindern und Jugendlichen ist Vorsicht geboten.

> Die verschiedenen pädagogischen Maßnahmen sollen helfen, radikales, aggressives und/oder gewaltbereites Verhalten von Jugendlichen zu reduzieren. Wichtig ist aber auch, die sozialen Probleme von Familien mit Migrationshintergrund zu beachten und entsprechende politische und gesellschaftliche Maßnahmen umzusetzen. Eine positive Identifikation der Jugendlichen und deren Familien mit der deutschen Kultur z. B. durch eine gute berufliche Perspektive und eine wertschätzende und interessierte Haltung der Gesellschaft gegenüber Andersartigkeit dürften die vorhandenen Probleme insgesamt verringern.

Literatur

Abels, Heinz (2017): Identität. Über die Entstehung des Gedankens, dass der Mensch ein Individuum ist, den nicht leicht zu verwirklichenden Anspruch auf Individualität und Kompetenzen, Identität in einer riskanten Moderne zu finden und zu wahren. 3., aktualisierte und erweiterte Auflage. Springer, Wiesbaden.
Abou-Taam, Marwan (2012): Die Salafiyya-Bewegung in Deutschland. URL: http://www.bpb.de/politik/extremismus/islamismus/136705/die-salafiyya-bewegung-in-deutschland. Letzter Zugriff: 26.03.2023.
Akkuş, Umut; Toprak, Ahmet; Yılmaz, Deniz; Götting, Vera (2020): Zusammengehörigkeit, Genderaspekte und Jugendkultur im Salafismus. Springer, Wiesbaden.
Almond, Gabriel A.; Appleby, R. Scott; Sivan, Emmanuel (2003): Strong Religion. The Rise of Fundamentalism around the World. The University of Chicago Press, Chicago/London.
Antonovsky, Aaron (1997): Salutogenese. Zur Entmystifizierung der Gesundheit. Verlag Deutsche Gesellschaft für Verhaltenstherapie (dgvt), Tübingen.
Arendt, Hannah (2011): Über die Revolution. Piper, München/Berlin.
Armbruster, Meinrad (2006): Eltern-AG. Das Empowerment-Programm für mehr Elternkompetenz in Problemfamilien. Carl Auer, Heidelberg.
Aslan, Ednan; Akkıllıç, Evrim Erşan, Hämmerle, Maximilian (2018): Islamistische Radikalisierung. Biografische Verläufe im Kontext der religiösen Sozialisation und des radikalen Milieus. Springer, Wiesbaden.
Bandura, Albert (1979): Aggression: Eine sozial-lerntheoretische Analyse. Stuttgart.
Baron, Robert; Richardson, Deborah (1994): Human Aggression. New York.
Böhnisch, Lothar; Lenz, Karl; Schröer, Wolfgang (2009): Sozialisation und Bewältigung. Eine Einführung in die Sozialisationstheorie der zweiten Moderne. Juventa, Weinheim/München.
Buschman, Brad (2002): Does Wenting Anger Feed or Extinguish the Flame? Catharsis, Rumination, Distraction, Anger and Aggressive Responding. Personality and Social Psychological Bulletin, 28.
Barth, Ulrich; Osthövener, Claus-Dieter (2000) (Hrsg.): 200 Jahre »Reden über die Religion«. Akten des 1. Internationalen Kongresses der Schleiermacher-Gesellschaft Halle 14.–17. März 1999. De Gruyter, Berlin/New York.
Baumann, Zygmunt (2003): Flüchtige Moderne. Deutsche Erstausgabe. Suhrkamp, Frankfurt am Main.
Beck, Ulrich (2020): Risikogesellschaft. Auf dem Weg in eine andere Moderne. 24. Auflage. Suhrkamp, Frankfurt am Main.
Beck-Gernsheim, Elisabeth (2007): Wir und die Anderen. Kopftuch, Zwangsheirat und andere Mißverständnisse. Erweiterte Neuausgabe. Suhrkamp, Frankfurt am Main.
Benslama, Fethi (2017): Der Übermuslim. Was junge Menschen zur Radikalisierung treibt. Matthes & Seitz, Berlin.
Benz, Benjamin; Rieger, Günter; Schönig, Werner; Többe-Schukalla, Monika (Hrsg.) (2013): Politik Sozialer Arbeit. Band 1: Grundlagen, theoretische Perspektiven und Diskurse. Beltz Juventa, Weinheim/Basel.
Berger, Peter L.; Luckmann, Thomas (2018): Die gesellschaftliche Konstruktion der Wirklichkeit. 27. Auflage. Fischer, Frankfurt am Main.
Berngruber, Anne; Gaupp, Nora; Langmeyer, Alexandra N. (2021): Lebenswelten von Kindern und Jugendlichen. In: Bundeszentrale für politische Bildung (bpb), Statistisches Bundesamt

(Destatis), Wissenschaftszentrum Berlin für Sozialforschung (WZB), Bundesinstitut für Bevölkerungsforschung (BiB) (Hrsg.): Datenreport 2021 – Ein Sozialbericht für die Bundesrepublik Deutschland. Bundeszentrale für politische Bildung, Bonn, S. 80–86.
Bertelsmann-Stiftung (2015): Religionsmonitor – verstehen was verbindet. Sonderauswertung Islam 2015 – Die wichtigsten Ergebnisse im Überblick.
Bhabha, Homi K. (2016): Über kulturelle Hybridität. Tradition und Übersetzung. Turia + Kant, Wien/Berlin.
Bourdieu, Pierre (2016): Sozialer Raum und »Klassen«. Leçon su la leçon. Zwei Vorlesungen. 4. Auflage. Suhrkamp, Frankfurt am Main.
Bozay, Kemal (2017): Islamfeindlichkeit und politischer Islamismus im Blickfeld der Ungleichwertigkeitsideologien. In: Kemal Bozay; Dierk Borstel (Hrsg.): Ungleichwertigkeitsideologien in der Einwanderungsgesellschaft. Springer, Wiesbaden, S. 125–151.
Brockhaus online: Radikalismus. URL: https://brockhaus.de/ecs/enzy/article/radikalismus. Letzter Zugriff: 28.04.2023.
Bundeskriminalamt; Bundesamt für Verfassungsschutz; Hessisches Informations- und Kompetenzzentrum gegen Extremismus (2016): Analyse der Radikalisierungshintergründe und -verläufe der Personen, die aus islamistischer Motivation aus Deutschland in Richtung Syrien oder Irak ausgereist sind. URL: https://www.verfassungsschutz.de/embed/analyse-der-radikalisierungshintergruende-fortschreibung-2016.pdf. Letzter Zugriff: 05.06.2023.
Bundesministerium der Verteidigung (2016): Islamischer Staat: Fragen und Antworten. URL: https://www.bmvg.de/de/themen/dossiers/weissbuch/gedanken/islamischer-staat-fragen-und-antworten-12292. Letzter Zugriff: 13.04.2023.
Bundesministerium für Familie, Senioren, Frauen und Jugend (2017): 15. Kinder- und Jugendbericht. Bericht über die Lebenssituationen junger Menschen und die Leistungen der Kinder- und Jugendhilfe in Deutschland. Berlin.
Bundesamt für Verfassungsschutz: Islamismus und islamistischer Terrorismus. Zahlen und Fakten. URL: https://www.verfassungsschutz.de/DE/themen/islamismus-und-islamistischer-terrorismus/zahlen-und-fakten/zahlen-und-fakten_node.html. Letzter Zugriff: 13.04.2023.
Bundeszentrale für gesundheitliche Aufklärung (2010): Sexualität und Migration: Milieuspezifische Zugangswege für Sexualaufklärung. Köln.
Butterwege, Christoph; Hentges, Gudrun; Wiegel, Gerd (2018): Rechtspopulisten im Parlament. Polemik, Agitation und Propaganda der AFD. Westend Verlag, Frankfurt am Main.
Çağlıyan, Menekşe (2006): Sexuelle Normvorstellungen und Erziehungspraxis von türkischen Eltern der ersten und zweiten Generation der Türkei und in Deutschland. Lit, Münster.
Çağlıyan, Menekşe (2008): Beratung von MigrantInnen. In: Hörmann, Georg; Körner, Wilhelm (Hrsg.): Einführung in die Erziehungsberatung. Stuttgart, Kohlhammer.
Ceylan, Rauf; Kiefer, Michael (2018): Radikalisierungsprävention in der Praxis. Antworten der Zivilgesellschaft auf den gewaltbereiten Neosalafismus. Springer, Wiesbaden.
Ceylan, Rauf (2014): Cultural Time Lag. Moscheekatechese und islamischer Religionsunterricht im Kontext von Säkularisierung. Springer, Wiesbaden.
Ceylan, Rauf; Kiefer, Michael (2013): Salafismus. Fundamentalistische Strömungen und Radikalisierungsprävention. Springer, Wiesbaden.
Cicero, Marcus Tullius (1996): Vom Wesen der Götter/De natura deorum. Lateinisch – Deutsch. Herausgegeben, übersetzt und kommentiert von Olof Gigon und Laila Straume-Zimmermann. Artemis & Winkler, Zürich/Düsseldorf.
Clement, David; Dickmann, Laura (2015): Jugendarbeit mit Jugendlichen in neo-salafistischen Gruppen. In: Migration und Soziale Arbeit, 37 (1), S. 67–75.
Cooley, Charles Horton (1902): Human Nature and the Social Order. Pantianos Classics, New York.
Dantschke, Claudia (2014): »Lasst euch nicht radikalisieren!«. Salafismus in Deutschland. In: Thorsten Gerald Schneiders (Hrsg.): Salafismus in Deutschland. Ursprünge und Gefahren einer islamisch-fundamentalistischen Bewegung. Transcript, Bielefeld, S. 171–186.
Deinet, Ulrich; Krisch, Richard (2021): Das sozialräumliche Konzept in der Offenen Kinder- und Jugendarbeit. In: Ulrich Deinet, Benedikt Sturzenhecker, Larissa von Schwanenflügel,

Moritz Schwerthelm (Hrsg.): Handbuch Offene Kinder- und Jugendarbeit. Springer, Wiesbaden, S. 1055–1068.

Decker, Oliver; Kiess, Johannes; Brähler, Elmar (Hrsg.) (2016): Die enthemmte Mitte. Autoritäre und rechtsextreme Einstellung in Deutschland. Die Leipziger »Mitte«-Studie 2016. 2. Auflage. Psychosozial-Verlag, Gießen.

Dippel, Horst (1985): Die Amerikanische Revolution 1763–1787. 8. Auflage. Suhrkamp, Frankfurt am Main.

Dollard, John (1939): Frustration and Aggression. New Haven.

Döring, Klaus (2011): Der antike Kynismus. In: René Brugger, Kristin Langos (Hrsg.): Radikalität. Religiöse, politische und künstlerische Radikalismen in Geschichte und Gegen-wart. Band 1: Antike und Mittelalter. Königshausen & Neumann, Würzburg, S. 19–33.

Dupré, Ben (2013): 50 Schlüsselideen Politik. Springer, Berlin/Heidelberg.

Durkheim Émile (2020): Die elementaren Formen des religiösen Lebens. 5. Auflage. Verlag der Weltreligionen, Berlin.

Eckert, Roland (2013): Radikalisierung – Eine soziologische Perspektive. URL: http://www.bpb.de/apuz/164920/radikalisierung-eine-soziologische-perspektive?p=all. Letzter Zugriff: 26.03.2023.

Eickelpasch, Rolf; Rademacher, Claudia (2004) Identität. Transcript Verlag, Bielefeld.

El-Mafaalani, Aladin; Toprak, Ahmet (2017): Muslimische Kinder und Jugendliche in Deutschland. Lebenswelten, Denkmuster, Herausforderungen. Konrad-Adenauer-Stiftung e. V., St.-Augustin.

El-Menouar, Yasemin; Reddig, Melanie (2014): Olivier Roys Thesen zum islamischen Neofundamentalismus auf dem Prüfstand. Eine empirische Analyse. Analyse & Kritik, 1.

Erikson, Erik H. (1975): Dimensionen einer neuen Identität. Suhrkamp, Frankfurt am Main.

Erikson, Erik H. (1973): Identität und Lebenszyklus. Suhrkamp, Frankfurt am Main.

Erll, Astrid (2004): Medium des kollektiven Gedächtnisses: Ein (erinnerungs-)kulturwissenschaftlicher Kompaktbegriff. In: Astrid Erll, Ansgar Nünning(Hrsg.): Medien des kollektiven Gedächtnisses: Konstruktivität, Historizität, Kulturspezialität. De Gruyter, Berlin, S. 3–24.

Fahlenbrach, Katrin (2007): Protestinszenierungen. Die Studentenbewegung im Spannungsfeld von Kulturrevolution und Medienevolution. In: Martin Klimke, Joachim Scharloth (Hrsg.): Handbuch 1968 – zur Kultur- und Mediengeschichte der Studentenbewegung. Metzler, Stuttgart/Weimar, S. 11–22.

Farschid, Olaf (2014): Salafismus als politische Ideologie. In: Behnam T. Said, Hazim Fouad (Hrsg.): Salafismus. Auf der Suche nach dem wahren Islam. Band 1454. Bonn: Bundeszentrale für politische Bildung (bpb) (Schriftenreihe, Band 1454), S. 160–192.

Ferchhoff, Wilfried (2011): Jugend und Jugendkulturen im 21. Jahrhundert. Lebensformen und Lebensstile. 2., aktualisierte und überarbeitete Auflage. Springer VS, Wiesbaden.

Figl, Johann (2012): Philosophie der Religionen. Pluralismus und Religionskritik im Kontext europäischen Denkens. Schöningh, Paderborn.

Fischer, Klaus (2015): Galileo Galilei. Biographie seines Denkens. Kohlhammer, Stuttgart.

Flitner, Andreas (2009): Konrad, sprach die Frau Mama. Über Erziehung und Nicht-Erziehung. Beltz, Weinheim.

Foroutan, Naika (2013): Hybride Identitäten. Normalisierung, Konfliktfaktor und Ressource in postmigrantischen Gesellschaften. In: Heinz Ulrich Brinkmann, Hacı-Halil Uslucan (Hrsg.): Dabeisein und Dazugehören. Integration in Deutschland. Springer, Wiesbaden, S. 85–102.

Foroutan, Naika; Schäfer, Isabel (2009): Hybride Identitäten – muslimische Migrantinnen und Migranten in Deutschland und Europa. In: Bundeszentrale für politische Bildung (Hrsg.): Lebenswelten von Migrantinnen und Migranten. APuZ, 5, 11–17.

Frese, Hans-Ludwig (2002): Den Islam ausleben. Konzepte authentischer Lebensführung junger türkischer Muslime in der Diaspora. Transcript, Bielefeld.

Frindte, Wolfgang; Boehnke, Klaus u.a. (Hrsg.) (2011): Lebenswelten junger Muslime in Deutschland. Ein sozial- und medienwissenschaftliches System zur Analyse, Bewertung und Prävention islamistischer Radikalisierungsprozesse junger Menschen in Deutschland. Berlin.

Fuchs-Heinritz, Werner (2020a): Jugendkultur. In: Daniela Klimke, Rüdiger Lautmann, Urs Stäheli, Christoph Weischer, Hanns Wienold (Hrsg.): Lexikon zur Soziologie. 6., überarbeitete und erweiterte Auflage. Springer, Wiesbaden, S. 328.

Gaitanides, Stefan (2008): Interkulturelle Kompetenz als Anforderungsprofil in der Sozialen Arbeit. In: Arbeiterwohlfahrt Landesverband Bayern e. V. (Hrsg.): Interkulturelle Kompetenz. München.

Gelles, Richard (1997): Intimate Violence in Families. Thousand Oaks.

Gensicke, Thomas (2015): Die Wertorientierungen der Jugend (2002–2015). In: Shell Deutschland Holding (Hrsg.): Jugend 2015. Eine pragmatische Generation im Aufbruch. Fischer, Frankfurt am Main, S. 237–272.

Gerlach, Julia (2013): Zwischen Pop und Dschihad. Muslimische Jugendliche in Deutschland. Christoph Links, Berlin.

Giddens, Anthony (1996): Konsequenzen der Moderne. Suhrkamp, Frankfurt am Main.

Goffman, Erving (2018): Stigma. Über Techniken der Bewältigung beschädigter Identität. 24. Auflage. Suhrkamp, Frankfurt am Main.

Gollwitzer, Mario; Pfetsch, Jan; Schneider, Vera; Schulz, André; Steffke, Tabea; Ulrich, Christiane (2007): Gewaltprävention bei Kindern und Jugendlichen. Aktuelle Erkenntnisse aus Forschung und Praxis. Hogrefe, Göttingen.

Groß, Melanie (2010): »Wir sind die Unterschicht« – Jugendkulturelle Differenzartikulationen aus intersektionaler Perspektive. In: Fabian Kessl, Melanie Plößer (Hrsg.): Differenzierung, Normalisierung, Andersheit. Soziale Arbeit als Arbeit mit den Anderen. Springer VS, Wiesbaden, S. 34–48.

Grunert, Cathleen; Deinert, Aline (2010): Zwischen Spielplatz, Youtube und Westfalenstadion – Jugendliche in Räumen physisch-realer und virtueller Öffentlichkeit. In: Birgit Richard, Heinz-Hermann Krüger (Hrsg.): inter-cool 3.0. Jugend Bild Medien. Ein Kompendium zur aktuellen Jugendkulturforschung. Fink, München, S. 187–207.

Hafez, Farid (2014): Wo endet Islamkritik und beginnt Islamfeindlichkeit? URL: http://www.bpb.de/politik/extremismus/rechtsextremismus/180770/wo-endet-islamkritik-und-beginnt-islamfeindlichkeit. Letzter Zugriff: 05.06.2023.

Halbwachs, Maurice (1985): Das kollektive Gedächtnis. Fischer, Frankfurt am Main.

Hall, Stuart (1994): Rassismus und kulturelle Identität. Ausgewählte Schriften, Band 2. Argument, Hamburg.

Harring, Marius; Böhm-Kasper, Oliver; Rohlfs, Carsten; Palentien, Christian (2010): Peers als Bildungs- und Sozialisationsinstanzen – eine Einführung in die Thematik. In: Marius Harring, Oliver Böhm-Kasper, Carsten Rohlfs, Christian Palentien (Hrsg.): Freundschaften, Cliquen und Jugendkulturen. Peers als Bildungs- und Sozialisationsinstanzen. Springer VS, Wiesbaden. S. 9–21.

Haußer, Karl (2002): Identität. In: Günter Endruweit, Gisela Trommsdorff (Hrsg.): Wörterbuch der Soziologie. 2., völlig neubearbeitete und erweiterte Auflage. Lucius & Lucius, Stuttgart, S. 318–320.

Heitmeyer, Wilhelm; Müller, Joachim Helmut (1997): Verlockender Fundamentalismus. Türkische Jugendliche in Deutschland. Suhrkamp, Frankfurt am Main.

Heitmeyer, Wilhelm (Hrsg.) (2005): Deutsche Zustände. Folge 3. Suhrkamp, Frankfurt.

Herding, Maruta (Hrsg.) (2013): Radikaler Islam im Jugendalter. Erscheinungsformen, Ursachen und Kontexte. Halle (Saale), DJI.

Hillmann, Karl-Heinz (2007): Wörterbuch der Soziologie. 5., vollständig überarbeitete und erweiterte Auflage. Kröner, Stuttgart.

Hinte, Wolfgang (2002): Von der Gemeinwesenarbeit über die Stadtteilarbeit zum Quartiermanagement. In: Werner Thole (Hrsg.): Grundriss Soziale Arbeit. Ein einführendes Handbuch. Leske + Budrich, Opladen.

Hinz-Rommel, Wolfgang (1996): Interkulturelle Kompetenz und Qualität. Zwei Dimensionen von Professionalität in der Sozialen Arbeit. In IZA, Zeitschrift für Migration und Soziale Arbeit, 3–4.

Hitzler, Ronald; Niederbacher, Arne (2010): Leben in Szenen. Formen juveniler Vergemeinschaftung heute. 3., vollständig überarbeitete Auflage. Springer VS, Wiesbaden.

Hitzler, Ronald; Honer, Anne; Pfadenhauer, Michaela (2008): Zur Einleitung: »Ärgerliche« Gesellungsgebilde? In: Ronald Hitzler, Anne Honer, Michaela Pfadenhauer (Hrsg.): Posttraditionale Gemeinschaften. Theoretische und ethnografische Erkundungen. Springer VS, Wiesbaden, S. 9–31.

Höfer, Renate; Ziesel, Elisabeth (2010): ELTERNTALK – Interne Evaluation 2009. Ergebnisse der Moderatorinnen und Moderatoren und Gästebefragung. Aktion Jugendschutz Bayern. München.

Holthusen, Bernd; Hoops, Sabrina; Lüders, Christian; Ziegleder, Diana (2011): Über die Notwendigkeit einer fachgerechten und reflektierten Prävention. Kritische Anmerkungen zum Diskurs. In: DJI Impulse, 2, 22–26.

Hörster, Reinhard (2007): Pädagogisches Handeln. In: Heinz-Hermann Krüger, Werner Helsper (Hrsg.): Einführung in Grundbergriffe und Grundlagen der Erziehungswissenschaft. Budrich, Opladen.

Hugger, Karl-Uwe (2014): Digitale Jugendkulturen. 2., erweiterte und aktualisierte Auflage. Springer, Wiesbaden.

Hurrelmann, Klaus; Quenzel, Gudrun (2022): Lebensphase Jugend: Eine Einführung in die sozialwissenschaftliche Jugendforschung. 14., überarbeitete Auflage. Beltz Juventa, Weinheim/Basel.

Hurrelmann, Klaus (2012): Kindheit, Jugend und Gesellschaft. Identität in Zeiten des schnellen sozialen Umbruchs – soziologische Perspektiven. In: Hilarion G. Petzold (Hrsg.): Identität. Ein Kernthema moderner Psychotherapie – Interdisziplinäre Perspektiven. Springer VS, Wiesbaden, S. 57–76.

Husserl, Edmund (1962): Die Krisis der europäischen Wissenschaften und die transzendentale Phänomenologie. Hua IV, Den Haag.

Icking, Maria; Sturzenhecker, Benedikt (2021): Prävention und Offene Kinder- und Jugendarbeit – eine Diskussion. In: Ulrich Deinet, Benedikt Sturzenhecker, Larissa von Schwanenflügel, Moritz Schwerthelm (Hrsg.): Handbuch Offene Kinder- und Jugendarbeit. Springer, Wiesbaden, S. 827–839.

Jäckel, Michael (2005): Medien und Macht. In: Michael Jäckel (Hrsg.): Mediensoziologie. Grundfragen und Forschungsfelder. Springer VS, Wiesbaden, S. 295–317.

Just, Annette (2016): Beratung in der Schulsozialarbeit Eine kritisch-konstruktive Analyse. Waxmann, Münster.

Kağıtçıbaşı, Çiğdem; Sunar, Diane (1997): Familie und Sozialisation in der Türkei. In: Bernhard Nauck, Ute Schönpflug (Hrsg.): Familien in verschiedenen Kulturen. Der Mensch als soziales und personales Wesen. Band 13. Ferdinand Enke, Stuttgart, S. 145–161.

Kehrer, Günter (1968): Religionssoziologie. De Gruyter, Berlin.

Kehrer, Günter (1988): Einführung in die Religionssoziologie. Wissenschaftliche Buchgesellschaft, Darmstadt.

Keim, Inken (2008): Die »türkischen Powergirls«. Lebenswelt und kommunikativer Stil einer Migrantinnengruppe in Mannheim. 2., durchgesehene Auflage. Gunter Narr, Tübingen.

Kellner, Douglas (1994): Die Konstruktion postmoderner Identitäten. In: Andreas Kuhlmann (Hrsg.): Philosophische Ansichten der Kultur der Moderne. Fischer, Frankfurt am Main, S. 214–237.

Keupp, Heiner (2020): Individualisierte Identitätsarbeit in spätmodernen Gesellschaften. Riskante Chancen zwischen Selbstsorge und Zonen der Verwundbarkeit. In: Ulrike Deppe (Hrsg.): Die Arbeit am Selbst. Theorie und Empirie zu Bildungsaufstiegen und exklusiven Karrieren. Springer, Wiesbaden, S. 41–66.

Kiefer, Michael (2015): Prävention gegen neosalafistische Radikalisierung in Schule und Jugendhilfe. Voraussetzungen und Handlungsfelder. In: Bundeszentrale für politische Bildung. URL: https://www.bpb.de/politik/extremismus/radikalisierungspraevention/212435/praevention-in-schule-und-jugendhilfe. Letzter Zugriff: 05.06.2013.

Kilb, Rainer (2020): Konflikte, Radikalisierung, Gewalt. Hintergründe, Entwicklungen und Handlungsstrategien in Schule und Sozialer Arbeit. Beltz Juventa, Weinheim/Basel.

Kilb, Rainer; Weidner, Jens (2013): Einführung in die Konfrontative Pädagogik. UTB, München.

Kilb, Rainer (2009): Gewalttätigkeit als »adoleszente Botschaft« und »Sprache«. Entwicklungsphase Adoleszenz und die jugendliche Offenheit für Gewalthandlungen. In: Rainer Kilb, Jens Weidner, Reiner Gall (Hrsg.): Konfrontative Pädagogik in der Schule. Anti-Aggressivitäts- und Coolnesstraining. 2. Auflage. Beltz, Weinheim/München.

Kızılhan, İlhan (2006): »Ehrenmorde«. Der unmögliche Versuch einer Erklärung. Irena Regener, Berlin.

Klein, Constantin; Zwingmann, Christian; Jeserich, Florian (2017): Religiöser Fundamentalismus – Merkmale, Konzepte, Messinstrumente und Korrelate. In: Christian Zwingmann, Constantin Klein, Florian Jeserich (Hrsg.): Religiosität: die dunkle Seite. Beiträge zur empirischen Religionsforschung. Waxmann, Münster, S. 139–166.

Könemann, Judith (2002): »Ich wünschte, ich wäre gläubig, glaub' ich.« Zugänge zu Religion und Religiosität in der Lebensführung der späten Moderne. Leske + Budrich, Opladen.

Knapp-Potthoff, Annelie (1997): Interkulturelle Kommunikationsfähigkeit als Lernziel. In: Knapp-Potthoff/Liedke (Hrsg.): Aspekte interkultureller Kommunikationsfähigkeit. Iudicium, München.

Knopp, Reinhold; Rießen, Anne van (2020): Das Handlungsfeld Sozialraum aus der Perspektive Sozialer Arbeit: Gemeinwesenarbeit – Sozialraumarbeit – Quartiersmanagement. In: Monika Burmester, Jan Friedemann, Stephanie Catharina Funk, Sabine Kühnert, Dieter Zisenis (Hrsg.): Die Wirkungsdebatte in der Quartiersarbeit. Springer, Wiesbaden, S. 3–17.

Krafeld, Franz Josef (1996): Die Praxis akzeptierender Jugendarbeit. Konzepte, Erfahrungen, Analysen aus der Arbeit mit rechten Jugendcliquen. Budrich, Opladen.

Krahe, Barbara (2007): Aggression. In: Klaus Jonas, Wolfgang Stroebe, Miles Hewstone (Hrsg.): Sozialpsychologie. Springer, Heidelberg.

Kraushaar, Wolfgang (2018): Die Bedeutung der »68er« für heutige Protestbewegungen. In: Karl-Rudolf Korte, Stefan A. Schirm, Hans Vorländer, Manuel Fröhlich (Hrsg.): Zeitschrift für Politikwissenschaft – Journal of Political Science, 28, S. 73–80.

Kreiser, Klaus; Wielandt, Rotraud (Hrsg.) (1992): Lexikon der islamischen Welt. Völlig überarbeitete Neuausgabe, Kohlhammer, Stuttgart.

Krotz, Friedrich; Despotović, Cathrin; Kruse, Merle-Marie (Hrsg.) (2017): Mediatisierung als Metaprozess. Transformationen, Formen der Entwicklung und die Generierung von Neuem. Springer, Wiesbaden.

Krotz, Friedrich; Schulz, Iren (2014): Jugendkulturen im Zeitalter der Mediatisierung. In: Kai-Uwe Hugger (Hrsg.): Digitale Jugendkulturen. Springer VS, Wiesbaden, S. 31–44.

Kulbach Roderich (2003): Migration – Anforderungen an die Jugendhilfe. In: Soziale Arbeit, 1. S. 2–7.

Lang, Susanne (1999): Zur Konstruktion des Feindbildes »Islam« in der Bielefelder Studie »Verlockender Fundamentalismus«. In: Wolf-Dietrich Bukow, Markus Ottersbach (Hrsg.): Der Fundamentalismusverdacht. Plädoyer für eine Neuorientierung der Forschung im Umgang mit allochthonen Jugendlichen. Leske + Budrich, Opladen, S. 134–158.

Lefrancois, Guy (2006): Psychologie des Lernens. Springer, Heidelberg.

Leibold, Jürgen (2010): Fremdenfeindlichkeit und Islamophobie. Fakten zum gegenwärtigen Verhältnis genereller und spezifischer Vorurteile. In: Thorsten Gerald Schneiders (Hrsg.): Islamfeindlichkeit. Wenn die Grenzen der Kritik verschwimmen. 2., aktualisierte und erweiterte Auflage. Springer VS, Wiesbaden, S. 149–159.

Lippmann, Walter (1990): Die öffentliche Meinung. In: Bochumer Studien zur Publizistik- und Kommunikationswissenschaft, Band 63. Universitätsverlag Brockmeyer, Bochum.

Lobsien, Eckhard (2013): Was ist literarische Radikalität? Überlegungen im Blick auf Bergson, Husserl, Joyce und Beckett. In: Lena-Simone Günther, Saskia Hertlein, Bea Klüsener, Markus Raasch (Hrsg.): Radikalität. Religiöse, politische und künstlerische Radikalismen in Geschichte und Gegenwart. Band 2: Frühe Neuzeit und Moderne. Könighausen & Neumann, Würzburg, S. 52–65.

Logvinov, Michail (2017): Muslim- und Islamfeindlichkeit. Begriffe und Befunde im europäischen Vergleich. Springer, Wiesbaden.

Lohlker, Rüdiger (2017): Die Salafisten. Der Aufstand der Frommen, Saudi-Arabien und der Islam. C. H. Beck, München.

Lorenz, Konrad (1964): Das sogenannte Böse. Zur Naturgeschichte der Aggression. Borotha-Schoeler, Wien.
Luckmann, Thomas (2020): Die unsichtbare Religion. 9. Auflage. Suhrkamp, Frankfurt am Main.
Luhmann, Niklas (2004): Die Realität der Massenmedien. 3. Auflage. Springer VS, Wiesbaden.
Maase, Kaspar (2003): Jugendkultur. In: Hans-Otto Hügel (Hrsg.): Handbuch Populäre Kultur – Begriffe, Theorien und Diskussionen. Metzler, Stuttgart.
Maier Bernhard (2018): Die Ordnung des Himmels. Eine Geschichte der Religionen von der Steinzeit bis heute. C. H. Beck, München.
Marty, Marty E.; Appleby, R. Scott (1991) (Hrsg.): Fundamentalism Observed. The Fundamentalism Project. Band 1. The Univesity of Chicago Press, Chicago/London.
Marzinzik, Kordula; Kluwe, Sabine (2007): Stärkung der Erziehungskompetenz durch Elternkurse: Zur Wirksamkeit und Reichweite des Elterntrainings STEP. Prävention, 3.
Maschke, Dietmar; König, Joachim (2008): Türkischsprachige Elternkurse des Deutschen Kinderschutzbundes Bayern e. V. Arbeitsstelle für Praxisforschung und Evaluation an der Evangelischen Fachhochschule Nürnberg. München.
Müller, Annett (2006): Die sexuelle Sozialisation in der weiblichen Adoleszenz. Mädchen und junge Frauen deutscher und türkischer Herkunft im Vergleich. Waxmann, New York u a.
Maul, Stefan M. (2020): Das Gilgamesch-Epos. 8. Auflage. C.H. Beck, München.
Mead, George Herbert (1973). Geist, Identität und Gesellschaft. Aus der Sicht des Sozialbehaviorismus. Suhrkamp, Frankfurt am Main.
Melzer, Wolfgang; Schubarth, Wilfried; Ehninger, Frank (2011): Gewaltprävention und Schulentwicklung. Analysen und Handlungskonzepte. 2. Auflage. UTB, Regensburg.
Merten, Klaus (1999): Einführung in die Kommunikationswissenschaft. Band 1: Grundlagen der Kommunikationswissenschaft. 3. Auflage. Lit, Münster.
Meuser, Michael (2010): Geschlecht und Männlichkeit. Soziologische Theorie und kulturelle Deutungsmuster. 3. Auflage. Springer VS, Wiesbaden.
Muckel, Stefan (2017): Muslimische Religionsgemeinschaften als Körperschaften des öffentlichen Rechts. In: Peter Antes, Rauf Ceylan (Hrsg.): Muslime in Deutschland. Historische Bestandsaufnahme, aktuelle Entwicklungen und zukünftige Forschungsfragen. Springer, Wiesbaden, S. 77–113.
Münder, Johannes; Meysen, Thomas; Trenczek, Thomas (2022): Frankfurter Kommentare zum SGB VIII. Baden Baden.
Nagel, Tilman (2001): Islam – Die Heilsbotschaft des Koran und ihre Konsequenzen. WVA, Skulima.
Naumann, Thomas (2010): Feindbild Islam – Historische und theologische Gründe einer europäischen Angst. In: Thorsten Gerald Schneiders (Hrsg.): Islamfeindlichkeit. Wenn die Grenzen der Kritik verschwimmen. 2., aktualisierte und erweiterte Auflage. Springer VS, Wiesbaden, S. 19–37.
Neuenschwander, Markus P. (2011): Basiswissen: Sozialisation und Entwicklung. In: Stefan Albisser, Christine Bieri Buschor (Hrsg.): Sozialisation und Entwicklungsaufgaben Heranwachsender. Schneider Hohengehren, Baltmannsweiler, S. 61–90.
Neumann, Peter (2015): Radikalisierung, Deradikalisierung und Extremismus. URL: https://www.bpb.de/politik/extremismus/radikalisierungspraevention/211827/die-begriffe-radikalisierung-deradikalisierung-und-extremismus?p=all. Letzter Zugriff: 28.04.2023.
Neumann, Peter (2013): Radikalisierung, Deradikalisierung und Extremismus. In: Bundeszentrale für politische Bildung (Hrsg.): Deradikalisierung. APuZ, 63 (29–31), 3–10.
Niederbacher, Bruno (2019): Religiöser Glaube und Vertrauen. In: Klaus Viertbauer, Georg Gasser (Hrsg.): Handbuch Analytische Religionsphilosophie. Akteure – Diskurse – Perspektiven. Metzler, Stuttgart, S. 185–195.
Noethlichs, Karl Leo (2011): Spätantike Religionspolitik – eine Form von religiösem Radikalismus? In: René Brugger, Kristin Langos (Hrsg.): Radikalität. Religiöse, politische und künstlerische Radikalismen in Geschichte und Gegenwart. Band 1: Antike und Mittelalter. Königshausen & Neumann, Würzburg, S. 71–87.
Nökel, Sigrid (2002): Die Töchter der Gastarbeiter und der Islam. Zur Soziologie alltagsweltlicher Anerkennungspolitiken. Eine Fallstudie. Transcript, Bielefeld.

Nonhoff, Martin (Hrsg.) (2007): Diskurs – radikale Demokratie – Hegemonie. Zum politischen Denken von Ernesto Laclau und Chantal Mouffe. Transcript, Bielefeld.

Nordbruch, Götz; Müller, Jochen; Ünlü, Deniz (2014): Salafismus als Ausweg? Zur Attraktivität des Salafismus unter Jugendlichen. In: Thorsten Gerald Schneiders (Hrsg.): Salafismus in Deutschland. Ursprünge und Gefahren einer islamisch-fundamentalistischen Bewegung. Transcript, Bielefeld, S. 363–373.

Nowacki, Katja (2006): Flexibilität von Erziehungshilfen am Beispiel eines Projektes für Mädchen und junge Frauen Sozial, 1.

Nungesser, Frithjof (2013): Charles Horton Cooley: Human Nature and the Social Order. In: Konstanze Senge, Rainer Schützeichel (Hrsg.): Hauptwerke der Emotionssoziologie. Springer, Wiesbaden.

Otten, Sabine (2002): Psychologische Aggressionstheorien. In: Maria Bereswill, Theresa Höynck (Hrsg.): Jugendstrafvollzug in Deutschland. Grundlagen, Konzepte, Handlungsfelder. Mönchengladbach. S. 215–234.

Ottersbach, Markus; Steuten, Ulrich (2013): Migrantische Jugendkulturen – Was ist anders? In: Markus Ottersbach, Ulrich Steuten (Hrsg.): Jugendkulturen. Lebensentwürfe von Jugendlichen mit Migrationshintergrund. IBIS – Interkulturelle Arbeitsstelle, Oldenburg, S. 4–33.

Pickel, Gert (2018): Säkularisierung, Pluralisierung, Individualisierung. Entwicklung der Religiosität in Deutschland und ihre politischen Implikationen. In: Bundeszentrale für politische Bildung (Hrsg.): Religionspolitik. APuZ, 68 (28–29), 22–27.

Pickel, Gert (2017): Religiosität in Deutschland und Europa – Religiöse Pluralisierung und Säkularisierung auf soziokulturell variierenden Pfaden. Zeitschrift für Religion Gesellschaft und Politik 1, 37–74.

Pisoiu, Daniela (2013): Theoretische Ansätze zur Erklärung individueller Radikalisierungsprozesse. Eine kritische Beurteilung und Überblick der Kontroversen. In: Journal EXIT-Deutschland. Zeitschrift für Deradikalisierung und demokratische Kultur (1), 41–87.

Pollack, Detlef (2010): Studie »Wahrnehmung und Akzeptanz religiöser Vielfalt«. URL: https://www.uni-muenster.de/imperia/md/content/religion_und_politik/aktuelles/2010/12_2010/studie_wahrnehmung_und_akzeptanz_religioeser_vielfalt.pdf. Letzter Zugriff: 05.06.2023.

Resch, Franz; Parzer, Peter (2005): Aggressionsentwicklung zwischen Normalität und Psychopathologie. In Inge Seiffge-Krenke (Hrsg.): Aggressionsentwicklung zwischen Normalität und Pathologie. Vandenhoeck & Ruprecht, Göttingen.

Reuter, Julia (2002): Ordnungen des Anderen. Zum Problem des Eigenen in der Soziologie des Fremden. Transcript, Bielefeld.

Rhee, Soo Hyun (2002): Genetic an Environmental Influences on Antisocial Behavior: A Meta-Analysis of Twin and Adoption Studies. Psychological Bulletin, 128, 490–529.

Roth, Roland (2018): Eine neue Generation von Protesten? Ein Literaturbericht. In: Zeitschrift für Vergleichende Politikwissenschaft – Comparative Governance and Politics, 12, 429–452.

Ruhrmann, Georg (1994): Ereignis, Nachricht und Rezipient. In: Klaus Merten, Siegfried J. Schmidt, Siegfried Weischenberg (Hrsg.): Die Wirklichkeit der Medien. Westdeutscher Verlag, Opladen, S. 237–257.

Schaubart Wilfried (2013): Gewalt und Mobbing an Schulen. Möglichkeiten der Prävention und Intervention. 2., aktualisierte und erweiterte Auflage. Kohlhammer, Stuttgart.

Schäfers, Bernd (1998): Soziologie des Jugendalters. Eine Einführung. 6., aktualisierte und überarbeitete Auflage. Leske + Budrich, Opladen.

Scharathow, Wiebke (2017): Jugendliche und Rassismuserfahrungen. Kontexte, Handlungsherausforderungen und Umgangsweisen. In: Karim Fereidooni, Meral El (Hrsg.): Rassismuskritik und Widerstandsformen. Springer, Wiesbaden, S. 107–127.

Schatz, Günther (o. J.): Gewaltprävention. In: Ingeborg Becker-Textor, Martin Textor (Hrsg.): SGB VIII-Online-Handbuch.

Scherr, Albert (2010): Cliquen/informelle Gruppen. Strukturmerkmale, Funktionen und Potentiale. In: Marius Harring, Oliver Böhm-Kasper, Carsten Rohlfs, Christian Palentien (Hrsg.): Freundschaften, Cliquen und Jugendkulturen. Peers als Bildungs- und Sozialisationsinstanzen. Springer VS, Wiesbaden, S. 73–90.

Scherr, Albert (2021): Subjektorientierte Offene Kinder- und Jugendarbeit. In: Ulrich Deinet, Benedikt Sturzenhecker, Larissa von Schwanenflügel, Moritz Schwerthelm (Hrsg.): Handbuch Offene Kinder- und Jugendarbeit. Springer, Wiesbaden, S. 639–652.
Schiffauer, Werner (2002): Die Gewalt der Ehre. Erklärungen zu einem türkischdeutschen Sexualkonflikt. Suhrkamp, Frankfurt am Main.
Schimank, Uwe (2002): Das zwiespältige Individuum. Zum Person-Gesellschaft-Arrangement der Moderne. Springer, Wiesbaden.
Schirrmacher, Christine (2014): »Islam in Deutschland – Deutschland herausgefordert?« In: Eckhard Jesse, Tilman Mayer (Hrsg.): Deutschland herausgefordert. Schriftenreihe der Gesellschaft für Deutschlandforschung. Band 105. Duncker & Humblot, Berlin, S. 187–209.
Schlosser, Heinrich; Plogsties, Lothar (2006): Praxisbaustein: Das Schulparlament (Integrierte Gesamtschule Ernst Bloch, Ludwigshafen, Rheinland-Pfalz). Berlin: BLK, 37.
Schnackertz, Hermann Josef (2011): Vorwort. In: René Brugger, Kristin Langos (Hrsg.): Radikalität. Religiöse, politische und künstlerische Radikalismen in Geschichte und Gegenwart. Band 1: Antike und Mittelalter. Königshausen & Neumann, Würzburg, S. 7–8.
Schneiders, Thorsten Gerald (2017): Ahmad Ibn Hanbal – sein Leben, sein Ruhm, seine Lehre. Wie sich die Orthodoxie im sunnitischen Islam etablierte. In: Thorsten Gerald Schneiders (Hrsg.): Salafismus in Deutschland. Transcript, Bielefeld, S. 45–65.
Schneiders, Thorsten Gerald (2016): Fördern unsere Medien die Salafisten? Dynamiken, Verantwortung und Grenzen der Berichterstattung über salafistische Gruppen. In: Janusz Biene, Julian Junk (Hrsg.): Salafismus und Dschihadismus in Deutschland. Herausforderungen für Politik und Gesellschaft. Onlineversion. Frankfurt am Main, S. 113–118.
Schneiders, Thorsten Gerald (Hrsg.) (2014): Salafismus in Deutschland. Ursprünge und Gefahren einer islamisch-fundamentalistischen Bewegung. Transcript, Bielefeld.
Schröder, Achim; Merkle, Angela (2007): Leitfaden Konfliktbewältigung und Gewaltprävention. Pädagogische Konzepte für Schule und Jugendhilfe. Debus, Schwalbach.
Schröer, Hubertus (2008): Diversity als Herausforderung – Interkulturelle Orientierung und Öffnung Sozialer Arbeit. In: Verein für Kommunalwissenschaften e. V. (Hrsg.): Integration von Migrantinnen und Migranten auf kommunaler Ebene und die Rolle der Kinder- und Jugendhilfe. Nr. 63. Berlin.
Schulz, Michael (2017): Religion. In: Ludger Kühnhardt, Tilman Mayer (Hrsg.): Bonner Enzyklopädie der Globalität. Springer, Wiesbaden, S. 1447–1460.
Schütz, Alfred (1971): Gesammelte Aufsätze 1. Das Problem der sozialen Wirklichkeit. Martinus Nijhoff, Den Haag.
Seidensticker, Tilman (2014): Islamismus. Geschichte, Vordenker, Organisationen. Sonderauflage für die Landeszentralen für politische Bildung. C. H. Beck, München.
Söderblom, Nathan (1913): Holiness (General and Primitive). In: James Hastings: Encyclopaedia of Religion and Ethics. T. & T. Clark, Edinburgh, S. 731–741. URL: https://archive.org/details/in.ernet.dli.2015.85129/page/n753/mode/1up?view=theater. Letzter Zugriff: 26.03.2023.
Speck, Karsten (2022): Schulsozialarbeit. Eine Einführung. 5. Auflage. UTB, München.
Spranger, Eduard (1955): Psychologie des Jugendalters. 24. Auflage. Quelle & Meyer, Heidelberg.
Stauber, Barbara (2012): Jugendkulturelle Selbstinszenierungen und (geschlechter-)biographische Relevanzen. In: Jutta Ecarius, Marcel Eulenbach (Hrsg.): Jugend und Differenz. Aktuelle Debatten der Jugendforschung. Springer, Wiesbaden, S. 51–73.
Steinberg, Guido (2012): Wer sind die Salafisten. Zum Umgang mit einer schnell wachsenden und sich politisierenden Bewegung. In: SWP Aktuell. Stiftung Wissenschaft und Politik.
Stumpp, Gabriele (2006): Die Konstruktion der Kohärenz in der Biographie. Die Erweiterung des salutogenetischen Konzepts durch biographische Forschung. In: Maria Bitzan, Eberhard Bolay, Hans Thiersch (Hrsg.): Die Stimme der Adressaten. Empirische Forschung über Erfahrungen von Mädchen und Jungen mit der Jugendhilfe. Beltz Juventa, Weinheim/München, S. 107–123.
Sürig, Inken; Wilmes, Maren (2011): Die Integration der zweiten Generation in Deutschland. Ergebnisse der TIES-Studie zur türkischen und jugoslawischen Einwanderung. Themen-

heft. Institut für Migrationsforschung und Interkulturelle Studien (IMIS) der Universität Osnabrück.
Taylor, Charles (2009): Multikulturalismus und die Politik der Anerkennung. Suhrkamp, Frankfurt am Main.
Tedeschi, James; Felson, Richard (1994): Violence, Aggression Andcoercive Action: A Social Interactional Perspective. Washington, DC.
Tertilt, Herrmann (1996): Turkish Power Boys. Ethnographie einer Jugendbande. Suhrkamp, Frankfurt am Main.
The Fundamentals. A Testimony to the truth. Volume 1–7 (1910), Testimony Publishing Company, Chicago. URL: https://archive.org/details/fundamentalstest17chic/page/n9. Letzter Zugriff: 26.03.2023.
Top, Jasmin (2006): Konsensanalyse. Ein neues Instrument der Inhaltsanalyse. Theoretische Fundierung und empirische Kalibrierung. Books On Demand, Norderstedt.
Toprak, Ahmet; Nowacki, Kaja (2010): Gewaltphänomene bei männlichen muslimischen Jugendlichen mit Migrationshintergrund und Präventionsstrategien. Expertise im Auftrag des Bundesfamilienministeriums. Berlin.
Toprak, Ahmet (2012): »Unsere Ehre ist uns heilig«. Muslimische Familien in Deutschland. Herder, Freiburg u.a.
Toprak, Ahmet (2014): Türkeistämmige Mädchen in Deutschland. Erziehung, Geschlechterrollen, Sexualität. Lambertus, Freiburg.
Toprak, Ahmet (2017): Jungen und Gewalt. Die Anwendung der Konfrontativen Pädagogik mit türkeistämmigen Jungen. 3., vollständig überarbeitete Auflage. Springer, Wiesbaden.
Toprak, Ahmet (2019): Muslimisch, Männlich, Desintegriert. Was bei der Erziehung muslimischer Jungen schiefläuft. Econ, Berlin.
Tschöpe-Scheffler, Sigrid (2007): Konzepte der Elternbildung. Frühe Kindheit.
Wahl, Klaus (2011): Aggression und Gewalt. Ein biologischer, psychologischer und sozialwissenschaftlicher Überblick. Spektrum, Heidelberg.
Uslucan, Hacı-Halil (2017): Islamische Erziehung in Familien mit Zuwanderungsgeschichte. In: Peter Antes, Rauf Ceylan (Hrsg.): Muslime in Deutschland. Historische Bestandsaufnahme, aktuelle Entwicklungen und zukünftige Forschungsfragen. Springer, Wiesbaden, S. 209–224.
Uslucan, Hacı-Halil (2014): Stereotype, Viktimisierung und Selbstviktimisierung von Muslimen. Wie akkurat sind unsere Bilder über muslimische Migranten. Springer, Wiesbaden.
Uslucan, Hacı-Halil (2010): Muslime zwischen Diskriminierung und Opferhaltung. In: Thorsten Gerald Schneiders (Hrsg.): Islamverherrlichung. Wenn die Kritik zum Tabu wird. Springer VS, Wiesbaden, S. 367–377.
Wagemakers, Joas (2014): Salafistische Strömungen und ihre Sicht auf al-wala wa-l bara (Loyalität und Lossagung). In: Said Behnam, Hazim Fouad (Hrsg.): Salafismus. Auf der Suche nach dem wahren Islam. Bundeszentrale für Politische Bildung, S. 55–79.
Waldmann, Peter K.(2014): Entfremdet und gewaltbereit. Wie sich Muslime in der Diaspora radikalisieren. In: Thorsten Gerald Schneiders (Hrsg.): Salafismus in Deutschland. Ursprünge und Gefahren einer islamisch-fundamentalistischen Bewegung. Transcript, Bielefeld, S. 333–354.
Weidner, Jens; Kilb, Rainer; Jehn, Otto (2003): Gewalt im Griff. Weiterentwicklung des Anti-Aggressivitäts- und Coolness-Trainings. Band 3. Beltz, Weinheim/Basel.
Weidner, Jens; Kilb, Rainer (2004): Konfrontative Pädagogik. Konfliktbearbeitung in Sozialer Arbeit und Erziehung. Springer, Wiesbaden.
Weidner, Jens; Kilb, Rainer (2011): Handbuch Konfrontative Pädagogik. Grundlagen und Handlungsstrategien zum Umgang mit aggressivem und abweichendem Verhalten. Beltz, Weinheim.
Wensierski, Hans-Jürgen von (2015): Jugendphase und Jugendkultur von Muslimen in Deutschland. In: Sabine Sandring, Werner Helsper, Heinz-Hermann Krüger (Hrsg.): Jugend. Theoriediskurse und Forschungsfelder. Springer, Wiesbaden, S. 311–328.
Wensierski, Hans-Jürgen von (2012): Das islamisch-selektive Bildungsmoratorium – Zur Struktur der Jugendphase junger Muslime in Deutschland. In: Jutta Ecarius, Marcel Eu-

lenbach (Hrsg.): Jugend und Differenz. Aktuelle Debatten der Jugendforschung. Springer, Wiesbaden, S. 213–224.
Wensierski, Hans-Jürgen von; Lübcke Claudia (2012): »Als Moslem fühlt man sich hier auch zu Hause«. Biographien und Alltagskulturen junger Muslime in Deutschland. Budrich, Opladen.
WHO Regionalbüro für Europa (2003): Weltbericht Gewalt und Gesundheit. WHO, Kopenhagen.
Yalcin-Heckmann, Lale (2000): Einige Gedanken zu den drei türkischen Ehrbegriffen namus, seref und onur. In Edition Körber Stiftung (Hrsg.): Ehre und Würde. Hamburg.
Zick, Andreas; Roth, Veronika; Srowig, Fabian (2018): Zum Löwen werden. Radikalisierung als jugendkulturelles Phänomen. In: Michael Kiefer, Jörg Hüttermann, Badem Dziri, Rauf Ceylan, Veronika Roth, Fabian Srowig, Andreas Zick (Hrsg.): »Lasset uns in sha'a Allah ein Plan machen«. Springer, Wiesbaden, S. 59–95.
Ziemer, Gerhard (1969): Begriff und Grenzen der Jugendbewegung. In: Günther Franz, Hans Wolf, Gerhard Ziemer (Hrsg.): Jahrbuch des Archivs der deutschen Jugendbewegung. Band 1. Burg Ludwigstein, S. 7–17.
Ziesel, Elisabeth; Öğütmen, Hacer (2005) Miteinander austauschen – Gegenseitig verstehen. Das Projekt ELTERNTALK spricht die Bedürfnisse der Eltern an. In: Aktion Jugendschutz Bayern e. V. (Hrsg.): Türöffner und Stolpersteine. Elternarbeit mit türkischen Familien als Beitrag zur Gewaltprävention. München.